Karl Ueberhorst, Karl Ueberhorst

Der Inhalt der Geisteswissenschaft und der Philosophie

Karl Ueberhorst, Karl Ueberhorst

Der Inhalt der Geisteswissenschaft und der Philosophie

ISBN/EAN: 9783742813244

Hergestellt in Europa, USA, Kanada, Australien, Japan

Cover: Foto ©Thomas Meinert / pixelio.de

Manufactured and distributed by brebook publishing software
(www.brebook.com)

Karl Ueberhorst, Karl Ueberhorst

Der Inhalt der Geisteswissenschaft und der Philosophie

Der Inhalt

der

Geisteswissenschaft und der Philosophie

und die

Nothwendigkeit der Trennung

beider Wissenschaften.

Inaugural-Dissertation

zur

Erlangung der philosophischen Doctorwürde

bei der

Georgia Augusta zu Göttingen

von

Carl Ueberhorst

aus Hamm, Westphalen.

Göttingen 1873.

Druck der Dieterisch'schen Univ.-Buchdruckerei.

(W. Fr. Kästner).

Eintheilung:

Gefühle; die Kunst; die Subjektivität des Schönen. Der Zweck der Wissenschaften; die Ideen. Die aesthetische Forschung

7) von der Gewohnheit; der Begriff der Befriedigung eines Bedürfnisses

8) vom Recht. Die Quelle des Rechts; die Macht; die Zwecke der Macht; die Gerechtigkeit; die Rechtseinheit, die Gesellschaftsmächte. Der Begriff des Rechts; die Theile der Rechtswissenschaft.

III) Die Philosophie.

a) die der Philosophie übrig bleibenden Disciplinen; die Auseinandersetzung der Philosophie mit der Geisteswissenschaft. Die Probleme der Philosophie. Der Gegenstand. Der Beweis seiner Existenz; der Begriff.

b) das Verhältniss der Probleme zum Gegenstande; der philosophische Forscher; die Systeme. Die Einheit und die Theile der Philosophie und das Verhältniss der empirischen Wissenschaften zur Philosophie. Die Nothwendigkeit der Trennung von Geisteswissenschaft und Philosophie.

Unter den Fragen, welche die Philosophie noch immer hat offen gelassen, gehört auch die nach ihrem eigenen Begriffe. Diese Erscheinung dürfte bei der ältesten aller Wissenschaften auf den ersten Anblick wunderbar erscheinen, wenn nicht auch nur eine oberflächliche Betrachtung der unter dem Namen der Philosophie vereinigten Untersuchungen die Sache alsbald mehr als erklärlich machte. Erörterungen über Sein und Nichtsein und das Wesen Gottes und der Unsterblickeit, Untersuchungen über die Natur des Seienden, über das Wesen der Kräfte und des Stoffes, über die Immaterialität oder Materialität des Geistes, Zergliederungen der Begriffe der Substantialität und Causalität, Darlegungen der psychologischen Gesetze, der Gesetze des Denkens, des Rechts und der Moral, des Schönen, der Religion und der Geschichte, Betrachtungen über das Selbstbewusstsein, über apriorischen und aposteriorischen Gehalt der Erkenntniss, über die Methoden der Mathematik, der Naturwissenschaft und der Philosophie, Räsonnements über bestimmte Vorschriften der Moral, über die beste Staatsverfassung, über die Anerkennung oder Nichtanerkennung der Landschaftsmalerei als einer Gattung des Schönen, Alles dieses wird, so verschieden es auch ist, gleichmässig dem Inhalte der Philosophie zugezählt.

Bei der grossen Anzahl unterschiedener Gegenstände scheint sich kein Anhalt zu bieten, von dem aus sich ein

gleicher Gesichtspunkt für alle finden liesse. Eine Lösung
der Schwierigkeit läge allerdings auf der Hand, dass nämlich die Philosophie als die Wissenschaft schlechthin oder
als die universelle Wissenschaft anzusehen sei. Hiergegen
würde jedoch der grösste Theil der Einzelwissenschaften
Protest erheben, erklärend, nichts mit der Philosophie gemein
zu haben. Und so wäre zum Mindesten vorläufig mit der
obigen Annahme nichts gewonnen.

Es dürfte auch überhaupt verkehrt sein, so ohne Weiteres aus dem gegebenen mannigfaltigen Stoffe ein Allgemei-
nes abstrahiren zu wollen, und nicht vielmehr den jetzt sehr
beliebten Weg einzuschlagen, erst die Männer anzuhören,
welche schon vor uns eine Antwort auf die aufgeworfene
Frage zu geben suchten. Dieses Verfahren, welches wir
nicht anwenden wollen, soll uns jedoch behülflich sein, wenigstens die allgemeinen Begriffe kennen zu lernen, durch
deren Modification der der Philosophie gebildet wird.

Die Anzahl der vorhandenen Definitionen der Philosophie zerfällt in drei verschiedene Gruppen, welche, wenn sie
sämmtlich darin übereinstimmen, dass sie die Philosophie ein
Wissen in der Form des Systems d. h. eine Wissenschaft,
sein lassen, doch wiederum in der Art der Besonderung der
Wissenschaft im gegebenen Falle sehr von einander abwei-
chen. Die ersteren wollen das Verhältniss der Philosophie
zu den übrigen Wissenschaften zu ihrem unterscheidenden
Merkmal erheben, indem sie lehren, dass sie deren Einheit
oder auch gemeinschaftliche Begründung bilden solle. Die
zweiten behaupten, dass die Philosophie eine von den übrigen Wissenschaften abweichende Erkenntnissquelle, die Zergliederung oder Bearbeitung der Begriffe, besitze, und weisen dieser die nähere Bestimmung des zu definirenden Begriffes zu; ein Verfahren, welches den Definitionen Kant's,
Hegel's und auch Herbart's gemeinschaftlich ist.

Kant nennt die Philosophie die Wissenschaft aus blossen Begriffen und meint die Wissenschaft aus der Zergliederung (Analyse) der Begriffe (letztere können entweder gemeine oder synthetische sein). Bei Hegel ist die Philosophie
die sich selbst wissende Wahrheit, die sich selbst wissende
Wahrheit ist aber in Einem der sich selbst entwickelnde
Gedanke, und dem sich selbst entwickelnden Gedanken
kommt kein anderes Geschäft zu, als die in ihm selbst (der
sich selbst wissenden Wahrheit) an sich erhaltenen Momente
klar zu legen oder besser, wie Hegel selbst ausdrücklich
sagt, sie dadurch zu erzeugen und zu seinem Fürsichsein zu
machen, um sie endlich durch die Zurücknahme in sich
selbst, einem weiteren Akte des sich selbst entwickelnden

Denkens, zu seinem An - und Fürsichsein zu erheben. Hegel's Definition gehört also, wenn man alle in ihr liegenden Momente berücksichtigt, durchaus zu der von uns angegebenen zweiten Gruppe. Auch Herbart dürfte hierher zu zählen sein. Um sich von dieser Angabe zu überzeugen, muss man zwei Momente seiner philosophischen Grundanschauung in's Auge fassen, welche ihm für die Definition bestimmend sein mussten. Einmal glaubte er gefunden zu haben, dass die einzelnen philosophischen Disciplinen nichts weiter gemein hätten, als die Methode der Erkenntnissbereitung, die „Bearbeitung der Begriffe". Ausserdem aber war er der Ansicht, welcher auch von Kant und Hegel gehuldigt wird, dass durch diese Bearbeitung thatsächlich ein Wissen zu Stande komme, ein solches, wie es in den Begriffen selbst nicht schon enthalten sei, und dass dieses Wissen wirklich „aus" der Bearbeitung der Begriffe hervorgehe. Hiernach hätte er folgern müssen: Also ist die Philosophie die Wissenschaft aus der Bearbeitung der Begriffe. Will man die Entstehung der von ihm gegebenen Definition erklären, so kann man entweder sagen, dass Herbart das Moment des Wissenschaftseins der Philosophie, welches er doch anerkannte, vernachlässigte, oder man muss annehmen (wofür die Anmerkung des § 4 des ersten Kapitels der zweiten Auflage seines Lehrbuchs zur Einleitung in die Philosophie (Werke I. 43) spricht), dass er, abweichend von dem gewöhnlichen Sprachgebrauch, die Philosophie als das auf die Erzeugung des philosophischen Wissens gerichtete „Thun" angesehen habe, unter philosophischer „Wissenschaft" aber erst verstehe, was man gemeinhin unter dem Namen der Philosophie begreift. Demnach würde unser vorangehender Nachweis nichts weiter enthalten, als den adäquaten Ausdruck der eigenen Herbartschen Ansicht.

Bei der dritten Gruppe der Definitionen der Philosophie, deren Besprechung noch übrig ist, bildet weder das Verhältniss dieser Wissenschaft zu den übrigen, noch die Erkenntnissquelle, sondern ihr Inhalt oder Gegenstand die specifische Differenz der Definition. Es ist dieses der universelle Gesichtspunkt derjenigen Begriffsbestimmungen, welche es für richtiger befunden haben, die Philosophie als die Wissenschaft vom Wesen der Dinge, oder vom Sein, oder von den höchsten Prinzipien, oder von der Welt, oder von Gott und der Welt, oder auch nur als die vom menschlichen Geiste angeben zu müssen. — Weniger die strenge, als die populäre Wissenschaft hat noch andere Auffassungen aufzuweisen, welche sich unter der Philosophie so etwas, wie eine praktische Erkenntniss- oder Moral- oder Religionslehre vorstellen, denen sie also nur eine Unterweisung ist und keine

Wissenschaft. Ein Kuriosum bleibt es endlich, wenn man sogar noch darüber im Zweifel ist, ob man sie nicht vielmehr zu den Künsten, als zu Wissenschaften, zu zählen habe. Diese Ansichten sind indess so unreif, dass sie keine Berücksichtigung weiter verdienen. — Um zur Entscheidung zu bringen, welche der drei Definitionsweisen wir uns anzuschliessen haben, sind zunächst die Momente darzulegen, welche für eine richtige Definition erforderlich sind. Eine Definition hat den Zweck, einen Begriff klar zu machen d. h. die in ihm enthaltenen Denkbeziehungen darzulegen. Sie muss desshalb alle unter ihm zusammengefassten Erscheinungen als seine Modificationen und somit als nothwendig zusammengehörend, ihn selbst aber wiederum als Modification eines höheren Begriffes kennen lehren. Geleistet wird diese Forderung durch die beiden nothwendigen Theile der Definition, den Oberbegriff und die specifische Differenz, bei welcher letzteren stets darauf Acht gegeben werden muss, dass sie die erste der beiden obigen Forderungen ganz zu erfüllen im Stande ist. Sie kann nur in einem der analytischen (inneren) Merkmale des Begriffes, nicht in einem der synthetischen (äusseren oder der Reflexion) bestehen, weil diese, indem sie über den Gegenstand hinausführen, völlig durch jene bedingt sind und ausser ihnen keine Art von Realität besitzen.

Hiernach sind die beiden ersteren der angeführten Definitionsweisen von vornherein zu verwerfen, weil sie ein synthetisches Merkmal des Begriffes zur specifischen Differenz machen; wir haben uns vielmehr dem letzteren Verfahren anzuschliessen, da der Inhalt oder Gegenstand den analytischen Merkmalen der Wissenschaft angehört.

Zudem ist der Gegenstand das einzige Merkmal, welches als specifische Differenzen einer Wissenschaft übrig bleibt. Jedes Wissen hat nämlich folgende drei Momente an sich, welche allen weiteren Unterschieden zu Grunde liegen: 1) es ist ein Wissen Jemandes, 2) es hat eine bestimmte Denkform, und 3) es hat einen bestimmten Gegenstand. Das erste Moment muss bei jedem Wissen ausser Acht gelassen werden, welches letztere vielmehr, losgelöst von seinem subjektiven Träger, Anspruch erhebt auf allgemeine Anerkennung, und das, so lange es mit der subjektiven Eigenthümlichkeit seines Erzeugers behaftet wäre, nicht als reines Wissen gelten könnte. Das zweite Moment andererseits ist freilich bei jeder Wissenschaft nur in weit gleich, als ihre bestimmte Form das System ist; während in Wirklichkeit, abgesehen von den etwaigen Combinationen, drei Arten von wissenschaftlichen Systemen vorhanden sind, das nach der Entwickelung, das nach der Ordnung der Objekte und das nach

der grösseren oder geringer Gleichheit der Objekte; doch
kann man mit Hülfe des Systeme nicht die oben aufgestellte Forderung erfüllen, alle Theile einer Wissenschaft
als Modificationen eines übergeordneten Wissens und somit
als zusammengehörig zu begreifen; wozu noch der Umstand
kommt, dass das System bedingt wird von dem Objekte der
Wissenschaft. Es verbleibt also zur näheren Bestimmung nur
das dritte Moment, der Gegenstand, und wir wissen jetzt,
dass eine Wissenschaft, wenn sie eine solche sein soll, einen
unterscheidenden Gegenstand zum Inhalte haben muss.

Die Aufgabe unserer Untersuchung stellt sich also auf
den Nachweis eines unterscheidenden Gegenstandes für die
Philosophie; welcher selbstverständlich niemals ein einzelnes
Objekt (nicht zu fassen im Sinne von Ding), sondern eine
ganze Gruppe derselben darstellen muss, da sie im entgegen-
gesetzten Falle nicht Wissenschaft, sondern nur einfaches
Wissen sein könnte.

Ihn aufzufinden, schlagen wir folgendes Verfahren ein.
Wir suchen zu bestimmen, welche Gegenstände den Wissenschaften, die als unabhängig von der Philosophie anerkannt
sind, eignen, und welcher mögliche Gegenstand demnach für
unsere Wissenschaft noch übrig bleibt. Wir müssen zu diesem Zwecke vor der Hand annehmen, dass jene Trennung
der zunächst zu besprechenden Wissenschaften von der Philosophie gerechtfertigt ist, hoffen jedoch diese Annahme durch
die ganze folgende Abhandlung als richtig nachzuweisen.
Die Wissenschaften nun, welche von der Philosophie unterschieden werden, und die demnach nach unserer Darstellung
einen von ihrem Gegenstande verschiedenen Inhalt haben,
fallen in die vier grossen Gruppen der Mathematik, der Naturwissenschaft, der Geschichte und der Geographie (letzteres Wort wird hier in einem umfassenderen Sinne genommen, wie dies gewöhnlich geschieht) zusammen.

Ie zwei der angeführten (nicht-philosophischen) Disciplinen werden alsbald von den beiden anderen dadurch unterschieden, dass die einen, die Geschichte und die Geographie, vom Besonderen, die anderen, die Mathematik und die Naturwissenschaft, vom Allgemeinen zu handeln haben; und es wird
den beiden letzteren die Philosophie, als unter den nämlichen
Gesichtspunkt fallend, gemeinhin beigezählt, welche Lehre wir
vorläufig als nicht erwiesen sistiren. Der neue Gesichtspunkt,
der durch den obigen Gegensatz in die Definition der Wissenschaft kommt, wird vielfach dem von uns festgehaltenen
übergeordnet. Indess ist dieses Verfahren wahrscheinlich irrig,
logisch die Eintheilung nach dem Gegensatz des Besondern
und des Allgemeinen der nach dem Gegenstande sich unterord-

net. Nur für den Fall, dass die Objekte der besondern und
der allgemeinen Wissenschaften gänzlich unter sich verschieden wären, dürfte gegen die umgekehrte Gliederung nichts
einzuwenden sein. Für uns hat die Frage weniger eigenes
Interesse, als das, ob es richtig ist, die Philosophie so ohne
Weiteres den allgemeinen Wissenschaften beizuzählen. Wir
dürfen dieselbe desshalb nicht aus dem Auge verlieren.

Es zeigt sich, wenn wir auf die Erforschung des Objek-
tes der obigen nicht-philosophischen Disciplinen eingehen,
dass die Geographie und die Naturwissenschaft einen und
denselben Gegenstand behandeln, die Mathematik aber und
die Geschichte je einen Gegenstand für sich zu besitzen
scheinen.

Das gemeinschaftliche Objekt der Naturwissenschaft und
der Geographie ist die Natur, der Gegenstand der äusseren
Erfahrung; sie wird von jener in ihrem allgemeinen Charakter, von dieser in ihren besonderen Erscheinungen erforscht.
Da nun ausserdem ein durchgängiger Parallelismus der den
beiden Wissenschaften untergeordneten Disciplinen hergestellt
werden kann (zwischen Physik, Botanik, Zoologie u.s.w. auf
der einen, und tellurischer und coelestischer Geographie,
specieller Pflanzen- und Thier-Geographie u.s.w. auf der
anderen Seite), so zeigt sich, dass für diese Wissenschaften
die logische Gliederung, die Eintheilung nach dem Besonderen und Allgemeinen der nach dem Gegenstande unterzuord-
nen, auch die sachlich entsprechende ist. Trotz der Identität des Gegenstandes ist jedoch der ganze äussere Charakter
der beiden Wissenschaften so verschieden, dass diese Identität selbst dem forschenden Blicke fast entgeht. Der haupt-
sächlichste Grund hiervon ist ein doppelter: Einmal der schon
angegebene Umstand, dass die Naturwissenschaft das Allgemeine, die Geographie das Besondere des Seins und sich
Verhaltens ihrer Objekte zu erforschen sucht, welcher zur
Folge hat, dass die systematische Ordnung in jener nach
der grösseren oder geringeren Gleichheit, in dieser nach den
realen (räumlichen, zeitlichen und causalen) Grundverhältnissen der Objekte sich gestaltet. Ein anderes Mal aber
macht die Naturwissenschaft keinen Unterschied in der Aus-
wahl ihrer Gegenstände, während die Geographie nur die
hervorragenden unter ihnen zu wissen sucht. Die Kenntniss
der Besonderheiten jeder einzelnen Erscheinung der Natur
müsste, wenn sie nicht schon durch die unzählbaren Fälle
derselben unmöglich wäre, wegen des geringen Grades ihrer
Verschiedenheiten als eine ganz werthlose erscheinen.

(Es mag noch erwähnt werden, dass als zur Geographie
gehörig auch die Geschichte und Charakteristik der verschiedenen Erdbildungsperioden anzusehen ist, während umge-

kehrt die Kenntniss der Lage der politischen Staatenge-
bilde in die Geschichte verwiesen werden muss).

Der Gegenstand der Mathematik, von welcher Wissenschaft offenbar ist, dass sie nur vom Allgemeinen handelt,
sind Combinationen von Figuren und von Zahlen, welche
unter den gemeinschaftlichen Gesichtspunkt zusammenfallen,
reine Erzeugnisse des Denkens zu sein, und zwar erstere
in der Anschauung, letztere im Denken. Um dieses gemeinschaftlichen Gesichtspunktes willen gehören die sonst so he-
terogenen Objekte zu derselben Wissenschaft. Schon die
fundamentalen Gebilde der Geometrie und der Arithmetik,
die einfachen Figuren (die Gerade, der Winkel u. s. w.) und
die einfachen Zahlen sind reine Erzeugnisse des Denkens
(erstere, weil sie durch die Idealisirung der in der Wirklichkeit vorkommenden Analoga dieser Musterbilder entstehen,
letztere, weil sie trotz ihres Ansichseins für uns nur im Denken, der Selbstthätigkeit des Geistes — zu welchen Ausdruckes Verständniss ich auf die später folgende Erörterung
über die Logik verweisen muss — existiren); diese Eigenthümlichkeit ist dennoch der Mathematik gleichgültig, welche vielmehr erst mit den zusammengesetzten Figuren und
Zahlengebilden beginnt. Dass die letzteren reine Erzeugnisse des Denkens sind, geht daraus hervor, dass die mathematischen Definitionen nicht Zergliederungen dessen sind,
was ist, sondern Vorschriften für ein solches, welches hiernach vorgestellt oder gedacht werden soll. So ist der Sinn
der Definition des Dreiecks der: Stelle dir drei gerade Li-
nien sich einander schneidend vor, so wirst du eine einen
ebenen Flächenraum einschliessende Figur erhalten; dieser
legen wir den Namen des Dreiecks bei. Die Arithmetik
beginnt mit der Zahlenreihe, welche ihren Ursprung zwar
dem Umstande verdankt, dass, wenn man zu einer Gruppe
von Gegenständen, welche eine bestimmte Zahl abgibt, einen
weiteren gleichen Gegenstand hinzufügt, man daraus eine
andere schon bekannte Zahl hervorgehen sieht, die man desshalb in der Zahlenreihe ihr folgen lässt. Der Mathematiker
aber kehrt das Verhältniss um und betrachtet die entste-
hende Zahl nicht als schon bekannt, sondern lässt sie erst
durch jenen Akt des Hinzufügens einer Einheit zu einer bekannten Zahl entstehen und er definirt jetzt, von der Zwei
ausgehend, so: die Drei soll die Zahl sein, welche entsteht,
wenn man zur Zwei eine Einheit hinzufügt. — Hierbei
wird selbstverständlich vorausgesetzt, dass die Identität der
Handlung die des Resultates in sich schliesst. — Auf diese
Art ist überhaupt erst eine vollständige, geordnete und bis
in's Unendliche verlängerte Zahlenreihe möglich; die Definitionen der höheren Zahlengebilde, des Produkts u. s. w. wer-

den natürlich nach derselben Methode gebildet. Die Mathematiker lehren gewöhnlich, dass ihre Wissenschaft die allgemeinen Grössenverhältnisse darzulegen habe. Dieser, übrigens für die Geometrie nur halbwahre Satz ist in der Definition der Mathematik als der Wissenschaft von den reinen Erzeugnissen des Denkens schon mitenthalten, da diese letzteren nach den in ihnen enthaltenen Beziehungen betrachtet werden, welche (neben den Gestaltenbeziehungen in der Geometrie) lauter Grössenverhältnisse sind.

Wenn die mathematischen Definitionen allgemeine Vorschriften sind, nach denen die Figuren und Zahlengebilde vorgestellt resp. gedacht werden sollen, so bleibt dabei die Besonderheit der letzteren dem Belieben des Einzelnen überlassen oder es sind ihm alle Besonderheiten implicite mitgegeben. Desshalb existirt auch keine Wissenschaft von dem Besonderen der mathematischen Gegenstände. Es gäbe eine solche eine überflüssige Spielerei ab, wenn sie freilich auch möglich sein würde. Aus letzterer Thatsache geht jedoch hervor, dass auch für die Mathematik die Eintheilung nach dem Besondern und Allgemeinen der nach dem Gegenstande untergeordnet und die logische Gliederung die sachlich richtige wäre.

Es erübrigt noch die Besprechung der Geschichte; es braucht wohl kaum bemerkt zu werden, dass sie nicht in dem beschränkten Sinne der Staatengeschichte genommen wird, vielmehr auch die Wissens-, Religions-, Kunstgeschichte, die Philologie u.s.w. einbegreifen soll. Der Gegenstand der Geschichte sind die Geister der Menschen, und es ist bekannt, dass sie nicht das allen Gleiche, sondern das Besondere an ihnen zu erkennen sucht. Desshalb hat sie auch eine ähnliche Gestaltung, wie die Geographie. Einmal sind ihre Gegenstände nach den realen (räumlichen, zeitlichen und causalen) Grundverhältnissen geordnet, und ein anderes Mal bespricht sie auch nur die hervorragenden Erscheinungen d. h. die wichtigsten Thaten aller Geister und die Thaten der wenigen die grosse Zahl der übrigen übertreffenden Geister, einschliesslich der inneren Zustände und Erwägungungen, aus denen diese Thaten hervorgehen.

Es liegt jetzt der Gedanke an eine Wissenschaft vom Allgemeinen der Geister nahe. Wir kommen jedoch, bevor wir auf ihn eingehen, zunächst noch einmal auf eines der erhaltenen Resultate zurück. Wir fanden, dass die Gegenstände der Mathematik reine Erzeugnisse des Denkens seien. Indem wir diese Objekte „reine" Gedankenerzeugnisse nannten, haben wir damit sagen wollen, dass sie nichts weiter sind, als Gedankenerzeugnisse, oder dass es der Mathematik gleichgültig ist, ob sie nebenbei noch Realität besitzen oder nicht,

dass sie wenigstens dieselben nur als reine Gedankerzeug-
nisse auffasst und in Betracht zieht. Hiermit ist schon der
Gegensatz angegeben, in dem andere Objekte zu ihnen
stehen, nicht bloss reine Erzeugnisse des Denkens zu sein,
sondern vielmehr Realität oder Ansichsein zu besitzen. Also
sind auch den Wissenschaften von den reinen Gedankener-
zeugnissen solche vom Realen entgegengesetzt. Zu den letzteren gehören die Geographie, die Naturwissenschaft und die
Geschichte, da die Wirklichkeit der Natur durch die sinn-
liche, die des Geistes durch die innere Erfahrung verbürgt
wird.

Hiernach sind für den Gegenstand der Philosophie zunächst zwei Möglichkeiten vorhanden: Entweder er ist gleich
den Figuren und Zahlengebilden ein reines Gedankenerzeug-
niss, oder er besitzt Realität. Im letzteren Falle existiren
wiederum zwei Möglichkeiten: Entweder ist die Philosophie
die Wissenschaft vom Allgemeinen der Geister, ihr Gegenstand ist also der nämliche, wie der der Geschichte, oder
es gibt neben der Natur und den Geistern noch ein anderes
wissenschaftlich zu erfassendes Reales, und dieses liegt der
Philosophie zu erforschen ob.

Ein reines Erzeugniss des Denkens ist der Gegenstand
der Philosophie nicht; wenn man auch vielfach gemeint hat,
durch blosse Begriffscombinationen philosophische Erkenntniss erlangen zu können, so hat man doch stets das Erkannte selbst für wirklich ausgeben wollen.

Der Philosophie verbleibt also zunächst das Allgemeine
der Geister als ihr Gebiet; sie würde in diesem Falle zur
Geschichte die andere Seite bilden, wie die Naturwissenschaft
zur Geographie sich verhält. Dem entsprechend nennen wir
diese Wissenschaft vor der Hand Geisteswissenschaft, um
dann späterhin zu entscheiden, ob Geisteswissenschaft und
Philosophie identisch sind.

Es muss angegeben werden, was wir unter Geist verstehen. Diese Forderung ist nicht anders zu erfüllen, als
dadurch, dass wir ihn als den Gegenstand der inneren Erfahrung bezeichnen, dem gegenüber die Natur den Gegenstand
der äusseren (sinnlichen) Erfahrung abgiebt. Der Geist wie
die Natur werden durch diese Erläuterung nicht etwa be-
grifflich bestimmt, sondern es wird nur gezeigt, wo dieselben
zu finden sind. Eine begriffliche Bestimmung sind wir nicht
im Stande zu geben, und es ist uns keine solche bekannt,
welche auf Anerkennung Anspruch machen könnte. Wenn
man etwa den Geist das selbstige, die Natur das selbstlose
Sein genannt hat, so übersah man, dass man hiermit nichts
weiter that, als von der Natur zu behaupten, dass sie nicht
Geist sei; wobei es überdiess noch unentschieden bleibt, wie

weit dieser Gegensatz richtig ist und wie weit nicht. Es genügt die obige Charakteristik für unsere Zwecke vollkommen, da sie hinlänglich deutlich gemacht wird, was wir unter Geist verstehen wollen. Es könnte vielleicht anstossen, dass wir den Gegenstand der inneren Erfahrung als Geist, und nicht als Seele, bezeichnet haben. Der Grund hiervon ist der, dass der Geist, wenn dieser Name vielfach auch auf die höheren Zustände des Inneren gedeutet wird, im Allgemeinen doch das Ganze, die Seele aber nur gewisse niederen Funktionen in ihm umfasst; wir kommen auf diesen Unterschied gleich zurück.

Um die Geisteswissenschaft in verschiedene Disciplinen zu zerlegen, muss man das ganze Gebiet des Geistes in verschiedene Theile spalten; welche letztere man jedoch so zu wählen hat, dass sie festen in seiner eigenen Natur begründeten Unterschieden entsprechen, dass sie also weder willkührlich gewählt, noch von Gesichtspunkten aus gemacht werden, welche ihm selbst fremd sind. Man liess diese Forderung bisher nicht unerfüllt, ohne freilich die Berechtigung des Verfahrens klar erkannt zu haben.

Die Natur des Geistes fordert eine Gliederung der Wissenschaft in drei Theile, von denen der erste die mechanischen, der zweite die selbstthätigen Zustände, der dritte aber die geistigen Erzeugnisse des Geistes darstellt. Der mechanische Theil des Geistes führt in der Sprache den den Namen der Seele, und die Psychologie ist die Wissenschaft vom mechanischen Theile des Geistes oder von der Seele. Der selbstthätige Theil des Geistes führt den Namen des Denkens und die Logik ist die Wissenschaft vom selbstthätigen Theile des Geistes oder vom Denken. Die Wissenschaft von den geistigen Erzeugnissen des Geistes umfasst alle übrigen geisteswissenschaftlichen Disciplinen, die Wissenschaftswissenschaft, Güterlehre, Religionswissenschaft u.s.w.

Es wurde also zwischen mechanischen und selbstthätigen Zuständen des Geistes unterschieden. Dieses Verfahren hat vielleicht für den Standpunkt der Auffassung, welche auch das Denken in den mechanischen Prozess mit hincinziehen will, etwas Befremdendes; dennoch sind wir völlig gerechtfertigt, weil das Wesen des Mechanismus darin besteht, dass er seine Wirksamkeit nur so weit ausdehnt, als einem Gegenstande ohne eigenes Zuthun ein Leiden zugefügt d. h. in ihm eine Veränderung hervorgerufen wird, der er beim Eintreten gewisser Umstände mit Nothwendigkeit unterworfen ist. Ein Körper, welcher einem anderen um eine bestimmte Strecke genähert wird, wird von ihm mit Nothwendigkeit und ohne sein eigenes Thun um so viel mehr, wie vorher, angezogen, als das Gesetz der Gravitation erfordert. Ein Stoss, welcher einen Körper in Bewegung setzt, würde diesen zwingen, ohne Selbstthätigkeit seinen Weg bis in's Unendliche fortzusetzen, wenn nicht objektive Hindernisse ihn allmählig zur Ruhe brächten. Damit mir nicht vorgeworfen werde, dass ich den zunächst aus der Erforschung der Natur gewonnenen Begriff des Mechanismus ohne Berechtigung auf Zustände des Geistes übertrage, verweise ich auf die Untersuchungen in Beneke's „Lehrbuch der Psychologie als Naturwissenschaft". Hierbei muss jedoch bemerkt werden, dass Beneke sowohl wie auch Herbart, ganz vertieft in den Mechanismus des Geistes, des letzteren höhere Zustände verkannten, indem sie in den ihnen zu Grunde liegenden mechanischen Vorgängen auch diese zu besitzen glaubten. Es wird jetzt auch der Ausdruck „Psychologie als Naturwissenschaft" verständlich, der ausser bei Beneke noch bei anderen Geistesforschern sich findet, und welchen wir richtiger in den einer „Psychologie als mechanischer Wissenschaft" verwandeln. Zur Psychologie gehört neben den mechanischen Vorgängen im Geiste selbst, deren Darlegung ihren überwiegenden Inhalt bildet, die Lehre von der Wechselwirkung zwischen Leib und Seele, welche auch die von der Sinnenwahrnehmung mit einschliesst. Zu der Erforschung dieser Wechselwirkung reicht jedoch die innere Wahrnehmung nicht aus, sie bedarf der Ergänzung durch die äussere.

Es wurde behauptet, dass der sprachliche Ausdruck für den mechanischen Theil des Geistes der der Seele sei. Der Beweis hierfür liegt darin, dass während man sich des Namens des Geistes stets bedienen kann, der der Seele niemals gebraucht wird, sobald von den selbstthätigen Zuständen die Rede ist, dass also seine Gültigkeit sich auf den Mechanismus des Geistes beschränkt. Das Wissen, die Moral, das Recht u. s. w. heissen Erzeugnisse des Geistes, nicht der Seele, weil der selbstthätige Faktor des Denkens wesentlich zu ihrer Entstehung mitwirkt.

Im Gegensatze zu den mechanischen Zuständen ist wie wir behaupteten, das Denken Spontaneität. Kant ist es, welcher meines Wissens zuerst dieses auch jetzt noch nicht allgemein zum Bewusstsein gekommene Verhältniss hervorgehoben hat. Es ist bekannt, welche wichtige Rolle in der „Kritik der reinen Vernunft" dem Unterschiede zwischen Sinnlichkeit und Verstand zukommt. Hier wollen wir eine Stelle aus der Anthropologie anführen, welche beweist, wie im Grossen und Ganzen übereinstimmend mit uns Kant die Logik von der Psychologie abgetrennt hat; sie lautet (§. 7); „Vorstellungen, in Ansehung deren sich das Gemüth leidend verhält, durch welche das Subjekt afficirt wird..., ge-

hören zum sinnlichen ..., diejenigen aber, welche ein blosses
Thun (das Denken) enthalten, zum intellektuellen Erkennt-
nissvermögen. ... Jenes hat den Charakter der Passivität
des inneren Sinnes der Empfindungen, dieses der Spontaneität der Apperception d. h. des reinen Bewusstseins der
Handlung, welche das Denken ausmacht und zur Logik (einem System der Regeln des Verstandes), so wie jene zur
Psychologie (einem Inbegriff aller inneren Wahrnehmungen
unter Naturgestzen) gehört und innere Erfahrung begründet".
Indem ich diese Stelle citirt habe, bemerke ich ausdrücklich, dass ich nicht auch den Fehlern in ihr vom Erkennt-
nissvermögen, inneren Sinn u. s w. zuzustimmen gewillt bin.

Wenn das Denken als die Selbstthätigkeit des Geistes,
die Logik als die Wissenschaft vom Denken bezeichnet wurde,
so gewinnen wir hierdurch eine wesentlich neue Auffassung
der Logik, die nämlich, dass es ihre Aufgabe ist, diese Selbstthätigkeit des Geistes darzulegen, oder, was hiermit identisch
ist, eine Beschreibung des allgemeinen Charakters der Handlungen des Denkens zu bieten.

Das Denken ist nicht, wie vielfach geschieht, mit dem
Vorstellen zu verwechseln, welches zu den mechanischen Zuständen des Geistes gehört und oft auch mit dem Namen
des Empfindens belegt wird. Dass das erstere von letzte-
rem wesentlich unterscheidende Merkmal besteht darin, dass,
während jenes eine Dauer besitzt und (im Unbewusstsein)
beharrt, dieses stets nur existirt, so lange es ausgeübt wird,
also eigentlich immer nur ein Sein im Werden hat, und dass
es augenblicklich wieder aufhört, sobald die ihm zu Grunde
liegenden Vorstellungen verschwinden, durch den Mechanismus der Seele in's Unbewusstsein gezogen werden. Wie
auch hieraus hervorgehen muss, ist das Denken von dem
Vorstellen abhängig, in so fern nämlich, als es von ihm bedingt wird und sich stets nur an es anschliesst. Es bewegt
sich nämlich zwischen den Vorstellungen hin und her —,
welcher Ausdruck nur bildlich zu fassen ist —, und setzt
sie in Beziehung oder in ein Verhältniss zu einander. Es
ist hiermit jedoch nicht viel mehr, als eine Umschreibung
gegeben, welche wohl nur von einem solchen, der das Denken schon kennt, verstanden und richtig aufgenommen wird.
Wenn man mich fragen sollte, bis zu welchem Grade das
Denken durch den Mechanismus des Vorstellens bedingt
werde, und ob es völlig gesetzmässig erwache, und wie es
zugehe, dass das Denken wieder über sich selbst zu denken
vermöge, so muss ich erklären, dass ich hierüber bei dem
jetzigen Stande meiner Kenntnisse keine befriedigende Aus-
kunft zu geben weiss.

Kant will das Denken dadurch charakterisiren, dass er

ihm die Aufgabe zutheilt, Mannigfaltiges synthetisch in eine
Einheit zu verbinden (Kr. der r. V. §. 15). Der Fehler dieser
Angabe schreibt sich daher, dass Kant glaubte, in jedem Urtheil eine Einheit von Subjekt und Prädikat zu besitzen, er
übersah hierbei einmal, dass die negativen Urtheile nicht
vereinen, sondern trennen, ein anderes Mal aber, dass, wenn
man jene Einheit zu fixiren bestrebt ist, sie nicht standhält,
sondern sich als eine blosse Denkbeziehung ausweist; wesshalb denn auch Drobisch, welcher Kant ganz analog das
Denken als ein „Zusammenfassen eines Vielen und Mannigfaltigen in eine Einheit" (Logik 3. Aufl. S. 5) bezeichnet,
diese seine Angabe, wenn man sie wörtlich nimmt, dadurch
widerruft, dass er (S. 6) unter Zusammenfassung nicht bloss
an Verknüpfung, sondern auch an Trennung des Vorgestell-
ten zu denken heisst, „denn auch bei dieser z. B. bei der
Unterscheidung des Aehnlichen komme das, dessen Einheit
mit einem anderen verneint werde, doch in Vergleichung mit
ihm, werde im Verhältniss zu ihm gestellt, also mit ihm zusammen gedacht". Wir sehen, dass Drobisch mit der obigen Erklärung nichts anderes sagt, als dass jeder Denkakt
einer ist gegenüber der Vielheit der durch ihn in Verhältniss gesetzten Vorstellungen und dass der Ausdruck des Zu-
sammenfassens nur eine Umschreibung enthält für die Einheit des Denkens einerseits und das in Verhältniss setzen
der vielen Vorstellungen andererseits, eine solche, welche
leicht die Täuschung verursacht, mehr als sie wirklich zu
leisten vermag, zur Erklärung beigetragen zu haben.

Die Logik wird eingetheilt in die Lehre von den einfachen und in die von den zusammengesetzten Denkakten,
welche Scheidung im Wesentlichen mit der von Drobisch
in „die elementaren und die methodischen Formen des Denkens" übereinkommt. Hierzu muss noch ein dritter Theil
kommen, die Darlegung der psychologischen Grundlage des
Denkens. Durch ihn erhebt sich die Logik über den Rang
einer bloss descriptiven Wissenschaft, weil erst die Kenntniss
jener psychologischen Grundlage auch die reale Bedingung
des Denkens enthält. In dieser Hinsicht wird auf Beneke Bezug genommen, dessen Forschungen jener Forderung gerecht
werden und welche um desshalb als ein bedeutender Fortschritt in der Logik angesehen werden dürften.

Wenn wir zur Klarlegung unserer Ansicht auf die Werke
von Drobisch und Beneke verweisen, so stellen wir uns mit
Entschiedenheit auf den Standpunkt der formalen Logik,
müssen aber trotzdem ebenso bestimmt die Bezeichnung der
hier gemeinten Auffassung der Logik als einer formellen
Wissenschaft zurückweisen, wie sich denn auch Beneke niemals dieses Ausdruckes bedient hat, d. h. wir geben im All-

gemeinen der Logik den nämlichen Inhalt, wie die sogenannte formale, verwerfen aber ihre Grundauffassung. Letztere trägt nämlich in die Betrachtung des Denkens den falschen Gesichtspunkt hinein, es als die Form des Wissens anzusehen. Wenn es freilich richtig ist, dass die Form des Wissens im Denken besteht, so hat man doch zu erwägen, dass hierin keineswegs das Wesen, sondern nur eine Beziehung des Denkens enthalten ist. Das Denken ist eines der Grundelemente, aus denen das Wissen zusammengesetzt ist, und es wäre durchaus falsch, ein Seiendes nur als Element eines anderen Seienden zu betrachten, wenn dieses Zweite das erste schon voraussetzt, um selbst überhaupt nur möglich zu sein. Das Denken einseitig als Form des Wissens anzusehen, ist noch dazu die Quelle eines weiteren Irrthums geworden. Das Denken, sagten wir, bewege sich zwischen den Vorstellungen hin und her und setze sie in Beziehung zu einander; hierdurch wird der Inhalt der Vorstellungen bekannt. Diese Art von Wissen ist es, welche das Denken herbeiführt, und es ist ihm dabei ganz gleichgültig, woher die Vorstellungen kommen, ob sie aus der Wahrnehmung stammen, ob sie a priori existiren, oder ob sie gar reine Erzeugnisse des psychologischen Mechanismus sind, wie die Produkte der Phantasie. Es wäre also doppelt falsch, wenn man das Denken nur als Form des wissenschaftlichen Wissens betrachten wollte. Diesen Fehler hat sich Ueberweg zu Schulden kommen lassen, während er von Drobisch vermieden wurde (§. 4 Anm. §. 13 Anm. §. 46 zw. Anm.). Auch Kant hat hierin schon das Richtige angedeutet (Kr. d. r. V. Ausgabe von v. Kirchmann S. 103).

Das Bekanntwerden des Inhalts der Vorstellungen, welches, wie angeführt wurde, das Resultat des Denkens ist, hat man, um es von dem wissenschaftlichen Wissen zu unterscheiden, als Klarwerden der Vorstellungen bezeichnet, und gesagt, das Denken gehe darauf aus, Klarheit in die Vorstellungen zu bringen. Wir acceptiren diesen Ausdruck, bemerken jedoch ausdrücklich, dass bei der Betrachtung des Denkens nicht von diesem Gesichtspunkt ausgegangen werden darf, sondern nur von dem seines eigenen inneren Wesens. Um desshalb verwerfen wir auch die in fast allen Lehrbüchern der Logik enthaltene Lehre, dass diese Wissenschaft nicht zu zeigen habe, wie man denke, sondern wie man denken solle, oder dass es ihre Aufgabe sei, Normalgesetze oder Vorschriften des Denkens aufzustellen. Letzterer Satz ist, wenn er dahin aufgefasst wird, als ob das Denken, rein für sich betrachtet, richtig oder unrichtig sein könne, sogar sinnlos und hat seinen Grund in einer Unkenntniss der eigensten Natur des Denkens. Vergleicht man jedoch ein klares Wissen mit einem unklaren, und das Denken, durch

welches das eine und das andere gewonnen sind, mit einander, so wird man das erstere dem zweiten als Muster vor-
halten und in diesem Sinne von einem richtigen und falschen Denken sprechen können. Daher ist allerdings in
zweiter Linie jener Gesichtspunkt für die Logik massgebend;
aber man hat sich ja zu hüten, ihn anders zu nehmen, als
es hier geschehen ist. Man berücksichtige, dass, wenn man
dem Denken Vorschriften geben will, man dasselbe erst selbst
kennen muss. In Wirklichkeit kommt in den Lehrbüchern
der sogenannten formalen Logik, ohne dass man sich dessen
freilich bewusst wäre, die von mir angegebene Auffassung
zur Geltung.

Zum Schluss der Auseinandersetzung über die Logik
mag noch erwähnt werden, dass in dieser Wissenschaft auch
die Lehre von den Kategorien eine Stelle findet. Jedoch
lernen wir diese Formen hier zunächst nur als Erzeugnisse
des Denkens kennen und erst einer metaphysischen Untersuchung bleibt es überlassen, zu entscheiden, ob ihnen neben
dieser Idealität auch noch Realität zukommt oder ob nicht.
In der Logik führt die Lehre vom Urtheil unmittelbar auf
die Erforschung der Kategorien hin; und es war ein ganz
richtiger Gedanke Kant's, diesen Weg einzuschlagen, wenngleich sein Verfahren durch die falsche Ausführung fast ganz
missglückte.

Der Psychologie und der Logik wurde als ein dritter
Theil der Geisteswissenschaft nebengeordnet die Wissenschaft
von den geistigen Erzeugnissen des Geistes. Sie umfasst die
Betrachtung aller Gegenstände, welche irgendwie aus dem
Zusammenwirken der mechanischen und selbstthätigen Zustände des Geistes hervorgehen, jedoch nur so weit, als diese
Gegenstände selbst wieder geistiger Natur sind. Letzteres
soll bedeuten, dass, da mehrere dieser Gegenstände der äusseren Natur angehören, ihnen dieser Umstand dennoch für
die geisteswissenschaftliche Forschung gleichgültig ist, sie
vielmehr hier nur so weit in Betracht kommen, als ihnen
eine ganz bestimmte geistige Beziehung untergelegt wird,
sei es, dass sie als die Mittel für irgend einen rein geistigen
Zweck, sei es, dass sie als die Repräsentanten eines rein
geistigen Objekts angesehen werden. In dieser Hinsicht
mache ich auf den Laut der Sprache, auf die menschlichen Werkzeuge und auf die äusseren Kunstwerke aufmerksam. Allen hier vorliegenden Gegenständen ist es wesentlich, dass sie, entweder weil ihre eigene Natur es schon mit
sich bringt, oder durch allgemein verständliche Symbole oder
Abbildungen, äusserlich dargestellt werden, durch welche
Operation sie sich gleichsam loslösen von dem Individuum
und zu einem allgemeinen geistigen Besitzthume werden, dem

die Existenz dieses oder jenes Einzelnen mehr oder weniger gleichgültig ist. Indem vielmehr die gleichen Erzeugnisse der nämlichen Art zu einem Ganzen verbunden werden, gelten sie nunmehr als eine allgemeine Macht, die der Einzelne anzuerkennen und der er sich zu unterwerfen hat.

Die in Frage kommenden Gegenstände sind das Wissen, die Sprache, die materiellen Güter, die geistigen Güter, die Religion, das Sittliche, die Kunst, die Gewohnheit und das Recht.

Das Wissen ist ein rein inneres Erzeugniss des Geistes; sein wesentliches Merkmal besteht darin, dass in ihm Vorstellung und Gedanke völlig durchdrungen sind d. h. dass in ihm alle Vorstellungen klar geworden sind. Nichts anderes meinte man, wenn man gewöhnlich die Wahrheit als die Uebereinstimmung der Vorstellung mit dem Seienden bezeichnete, in welcher Definition die Vorstellung den Gedanken, das Seiende aber die Vorstellung vertrat. Diese Begriffsbestimmung befand sich also auf dem Wege zum Richtigen, und es ist nicht anzuerkennen, wenn man sie später ganz hat verwerfen wollen.

Das Ganze des Wissens in systematischer Ordnung ist die Wissenschaft; die Wissenschaft von ihr scheint folgende zwei Theile zu haben, dass sie einmal die Wissenschaft nach Inhalt und Umfang genau characterisirt, wie denn die vorliegende Arbeit selbst als ein Beitrag hierzu angesehen werden kann, und dass sie ein anderes Mal darlegt, wie die Wissenschaft durch das allmähliche Ineinanderarbeiten von Vorstellung und Gedanke entsteht. In letzterer Richtung liegt die Bedeutung der „Kritik der reinen Vernunft" und vieler neueren Forschungen, beispielsweise der „Logik als Wissenschaftslehre" von George. Es ist jedoch ein Irrthum, wenn man glaubt, von der Wissenschaftswissenschaft aus die Logik im eigentlichen Sinne, die sogenannte formale Logik, bekämpfen zu müssen, da vielmehr beide Wissenschaften friedlich neben einander Platz haben; ein Standpunkt, welcher von Kant innegehalten wird, so dass sich also die „Kritik der reinen Vernunft" und seine „Logik" durchaus nicht widersprechen. Dem zweiten Theile der Wissenschaftswissenschaft kann eine Auseinandersetzung der verschiedenen Methoden der einzelnen Wissenschaften angefügt werden, wenn solche überhaupt existiren d. h. wenn die Wissenschaften verschiedene Methoden der Forschung besitzen, eine Streitfrage, auf welche ich noch keine bestimmte Antwort zu geben wage.

Das Symbol, durch welches das Wissen äusserlich dargestellt wird, ist die Sprache, das Mittel der Mittheilung. Die Sprachtheorie — wir gebrauchen diesen Ausdruck statt des

2*

der Sprachwissenschaft, um Verwechselungen zu vermeiden —
wird gewöhnlich als ein Anhang zur Logik angesehen; man geht
hierbei von der Voraussetzung aus, dass die Sprache ein Erzeugniss des Gedankens sei. Letztere Meinung ist jedoch in
so weit falsch, als neben dem Gedanken das Gefühl von her-
ragender Mitwirkung ist, ganz abgesehen von den organischen Gründen des Gehörs und der Sprachwerkzeuge und
von rein äusseren Einflüssen. Die Aufgabe der Sprachtheorie ist es nun, die Gründe der Entstehung und allmählichen
Weiterbildung und Differenziirung der Sprache darzulegen;
ausserdem hat sie die allgemeinen Grundcharaktere der einzelnen Sprachen aufzusuchen. Als nicht zur Sprachtheorie
gehörig ist anzusehen die blosse Zergliederung der Sprachen,
welche nur eine Kenntniss ihrer Verschiedenheiten bezweckt,
und desshalb der Geschichte beigezählt werden muss. Die
Sprachtheorie ist eine noch in den ersten Anfängen liegende
Doctrin, welche erst mit der Ausbildung der vergleichenden
Sprachwissenschaft ernstlich in Angriff genommen werden
dürfte. Als ein Anhang zur Sprachtheorie ist die Wissenschaft der Schrift anzusehen, welche wohl keine gesonderte
Betrachtung verlangt.

Fast so unentwickelt, wie die Theorie der Sprache, ist
die Wissenschaft von den materiellen Gütern. Hierunter
sind solche äusseren Objekte zu verstehen, welche als
Mittel dienen zur Befriedigung der materiellen Bedürfnisse
und die eben um dieses Zweckes willen vom Menschen
producirt werden. Zu ihrer Erzeugung sind also gewisse
Lust- und Unlust-Gefühle die treibenden Motive, zu denen natürlich das Denken und Wissen als weitere Bedingungen hin-
zukommen müssen. Die Wissenschaft der materiellen Güter,
(welche man auch als höhere Nationalökonomie bezeichnen mag),
hat zunächst die Beziehung der einzelnen Güter auf die Befriedigung der Bedürfnisse klar zu legen oder, was hiermit
identisch ist, die einzelnen Güter als solche zu characteri-
ren, dann aber die Entstehung und Ausbildung der sie erzeu-
genden Thätigkeiten zu erforschen. Letztere sind die Jagd, die
Viehzucht, der Ackerbau, die Schifffahrt, das Handwerk, der
Handel und die Industrie. Einen weiteren hervorragenden
Theil der Wissenschaft muss die Beschreibung der Struktur,
des Gebrauches und der Entstehung der Werkzeuge einnehmen.

Es liegt auf der Hand, dass der Wissenschaft der materiellen Güter eine solche der geistigen nebengeordnet ist.
Es sind, gerade wie jene, nur Mittel, welche die
Gelegenheit bieten, gewisse Lust- und Unlustgefühle befrie-
digen zu können, sie bestehen also nur um eines Anderen
nicht aber um ihrer selbst willen, da sie den Eintritt
der Lust und die Beseitigung der Unlust nicht selbst un-

mittelbar im Gefolge haben, sondern nur die Bedingung abgeben, unter der beim Erscheinen gewisser Umstände die verlangte Wirkung hervortritt. Desshalb sind zu den hier in Betracht kommenden geistigen Gütern nicht zu zählen die Wissenschaft und die Kunst, welche nicht Mittel, sondern Selbstzweck sind, an die man jedoch bei Nennung jenes Namens zunächst zu denken gewohnt ist. Was ich im Auge habe, sind die gesellschaftlichen Bildungen, die Ehe und die Familie, der Luxus, das unterhaltende Gespräch, das Spiel u. dgl. m.

Die Theile der Wissenschaft der geistigen Güter sind ganz analog denen der Wissenschaft der materiellen Güter. Dass man beide Wissenschaften in eine einzige der Güter überhaupt zusammenfassen kann und, wenn man streng logisch verfahren will, sogar zusammenfassen muss, bedarf kaum der Erwähnung.

Wie aus dem Vorigen schon erhellt, haben die Güter ihren Werth für das Subjekt darin, dass sie in Beziehung stehen zu den Lust- und Unlustgefühlen; zum Unterschiede hiervon finden zwei andere Erzeugnisse des Geistes, die Religion und das Sittliche, ihre Bedeutung in ihrem Verhältnisse zu der anderen Art der menschlichen Gefühle, der der sogenannten Achtung eines Erhabenen und Verachtung eines Niedrigen. Letztere Gefühle sind, nachdem sie allerdings schon vorher bekannt waren, doch erst in neuester Zeit von v. Kirchmann (Aesthetik, Berlin 1868 und in anderen Schriften) mit dem erforderlichen Nachdruck hervorgehoben worden. Dieses grosse Verdienst des Geistesforschers erleidet dadurch keinen Abbruch, dass er einerseits ihnen nicht die richtige Stellung zu den Lustgefühlen angewiesen, andererseits ihre einzelnen Arten nicht hinlänglich von einander gesondert hat.

Im ersterer Hinsicht sagt er (Aesth. II. S. 3): „Während in der Lust und im Schmerz der Mensch nur sich selbst kennt, sein Ich der glänzende Mittelpunkt des Ganzen ist, und er in diesen Gefühlen die höchste Stufe des Für-sich-Seins erreicht, will in dem Zustand der Achtung, der Ehrfurcht dieses Ich nicht als solches gelten und bestehen, es will in ein Anderes vergehen und nur dort, als aufgegangen, fortbestehen". Wenn dieser Ausspruch allerdings durchaus richtig ist, so tritt in ihm jedoch das Verhältniss ganz zurück, welches beide Arten von Gefühlen in gleicher Weise für die Förderung resp. Schädigung des geistigen Lebens haben. Man muss — wir gehen durch diese Betrachtung für einen Augenblick in das Gebiet der Metaphysik über — unterscheiden zwischen dem potentiellen und dem aktuellen Sein des Geistes, welche Trennung nicht zu verwechseln ist mit der der Substanz und ihrer Accidenzen, da beide, Potenz wie Aktus, den letzteren angehören, jedoch in dem Verhältnisse zu einander stehen, dass die potentiellen Zustände in die aktuellen auslaufen oder vielmehr ihnen ihre Natur bestimmen. Potentielles und aktuelles Leben können beide zu- und abnehmen, und bezeichnet man ersteres als Lebenskraft, letzteres als Lebensthätigkeit, so kann man sagen, dass durch die Lust- und Unlustgefühle die Lebensthätigkeit, durch die Achtungs- und Verachtungsgefühle die Lebenskraft vermehrt resp. vermindert wird. Wir begreifen so die nahe Verwandtschaft beider Arten von Gefühlen, und wesshalb die einen so sehr, wie die anderen von uns aufgesucht oder gemieden werden.

Was nun die Arten der Achtungsgefühle betrifft — die der Verachtung sind an Zahl gleich und genau entsprechend, — so sind deren folgende vier: 1, das Staunen vor gewaltigen Naturerscheinungen, 2, die Bewunderung kraftvoller Geister, 3, die Achtung oder Ehrfurcht vor Idealen menschlicher Vollkommenheit, und 4, das Vergehen vor und Aufgehen in geheimnissvoll waltende, bestimmend in die Welt eingreifende, übermenschliche Wesen. Wir wollen uns für das letztere Gefühl des Ausdruckes der religiösen Furcht bedienen, folgend einem weitverbreiteten Brauche religiöser Schriften; welcher Name jedoch nicht dahin missszuverstehen ist, dass man nunmehr die religiöse Furcht mit der zu der Klasse der Unlustgefühle gehörenden gemeinen Furcht zusammenwirft.

Von den vier Achtungsgefühlen stehen das Staunen und die Bewunderung in keiner Beziehung zu besonderen Produkten des Geistes; dagegen hat mit der religiösen Furcht die Religion, mit der Achtung oder Ehrfurcht das Sittliche unmittelbaren Zusammenhang.

Die Religion hat also ihren subjektiven Werth in dem Vergehen vor und Aufgehen in geheimnissvoll waltende, bestimmend in die Welt eingreifende, übermenschliche Wesen. Solche Mächte existiren für uns nur im Glauben, motivirt ist ihre Annahme jedoch durch gewisse, uns unbegreifliche, gewaltige Erscheinungen in der Natur und dem menschlichen Leben, welche die Ueberzeugung von der Existenz bestimmter, sie bewirkender, realer Wesen aufdrängen müssen. Es ist den betreffenden Thatsachen aber durchaus wesentlich, dass sie uns unbegreiflich sind, daher denn, sobald wir sie zu verstehen gelernt haben oder sie zu verstehen meinen, der Glaube an ihre vermeintlichen Erzeuger verschwindet; welcher Umstand einen der wichtigsten Faktoren zur Vervollkommnung und Läuterung der Religion bildet. Da die Erscheinungen von den gewöhnlichen allgemein verständlichen Vorgängen unterschieden werden, dennoch aber stets in der gemeinen Wirklichkeit vor sich gehen, so können weder der Deismus, welcher seinen Gott ganz der Welt entfremdet, noch der Pantheismus, welcher die Welt selbst, wie sie offen vor unseren Augen dazuliegen scheint, als Gott hinstellt, als Religionen angesehen werden; wie es denn unmöglich ist, vor einem solchen Gotte religiöse Furcht und Demuth zu empfinden, und daher auch noch Niemand sie empfunden hat. Sollte letzteres behauptet werden, so waren sich weder Deist noch Pantheist des Sinnes ihrer eigenen Meinung klar bewusst.

Das geheimnissvolle Walten der Mächte ist den Menschen nie anders als ein Thun von Personen begreiflich gewesen, daher jede wirkliche Religion ihre Götter eben als Personen auffasst. Auch aus diesem Grunde kann der Pantheismus nicht als Religion anerkannt werden; bei neueren Pantheisten, wie bei Schopenhauer, hat consequenter Weise der Gott im Ganzen des Seins keinen Platz mehr. Wenn die Moira der Griechen und das Fatum der Römer nicht durchgängig als Personen galten, so wird hierdurch nur bewiesen, dass man noch schwankte, ob man sie zu den Göttern oder zu den bloss natürlichen Mächten zu rechnen habe.

Zur Religion gehört ausser dem Glauben und der religiösen Furcht noch der Gottesdienst als ein nothwendiges Moment; mag er auftreten, in welcher Form er will, ob als Opfer, als Gebet, als Predigt oder als inneres Bewusstsein der allumfassenden Wirksamkeit und der ewigen Liebe des Unendlichen, das Wesentliche ist, dass man sich in ihm eine Zeitlang gänzlich dem religiösen Gefühle hingibt.

Man ist im gemeinen Leben und auch öfters in der Wissenschaft gewohnt, die Religion in einen unmittelbaren Zusammenhang zur Moral zu setzen oder vielmehr diese von jener abhängen zu lassen. Es wird aus der Auseinandersetzung des Wesens des Sittlichen hervorgehen, dass hier eine specifisch mittelalterliche Anschauungsweise vorliegt, während umgekehrt die neuere Zeit darauf ausgeht, beiden eine von einander unabhängige Entwicklung zu geben, gleichsam vertrauend, dass bei einer selbständigen Ausbildung der verschiedenen Seiten des menschlichen Daseins eine durchgängige Harmonie zwischen ihnen resultiren wird.

Wie wir schon angaben, basirt das Sittliche auf dem Gefühle der Ehrfurcht vor Idealen menschlicher Vollkommenheit. Die Achtung oder Ehrfurcht ist nicht mit der Bewunderung kraftvoller Geister zu verwechseln. Wir bewundern die rücksichtslose Energie eines Sulla und Napoleon, die organisatorische Thätigkeit des Jesuitenordens, die Schaffenskraft eines Kotzebue; Ehrfurcht empfinden wir erst vor der vollkommenen Leidenschaftslosigkeit eines Sokrates, vor

der vollkommenen Religiösität vieler christlichen Märtyrer und
vor dem vollkommenen Humanismus eines Schleiermacher.
Es sind zunächst reale Personen, denen letzteres Gefühl ent-
gegengebracht wird; bald aber bildet sich der denkende Geist
auch selbständig Musterbilder oder Ideale menschlicher Vollkommenheit, denen er nunmehr gleichfalls und in höherem
Grade seine Verehrung zuwendet. So besitzt jede Zeit und
jedes Volk ein solches Ideal, welches es freilich erst im Laufe
der Geschichte unter schwerer Arbeit erringen muss, und
darin besteht seine Sittlichkeit, den nothwendigen Geboten
zu gehorchen, welche ihm durch das Streben zur
Selbstverwirklichung dieses Ideals auferlegt werden. Das
Ideal vieler Naturvölker ist Unbesiegbarkeit, die gebildeten
Griechen verehrten das Muster einer völligen Beherrschung
der Leidenschaften, die freiheitsliebenden Römer das einer
entwickelten Subjektivität, dem Mittelalter schwebte im Allgemeinen das Aufgehen in den Willen Gottes als höchste
Vollkommenheit vor, während endlich die neuere Zeit bestrebt ist, zum Bewusstsein des Ideals des Humanismus durch-
zudringen.
Die Tugenden, welche zur Erreichung des Ideals der
menschlichen Vollkommenheit führen, sind zweierlei Art, theils
solche, welche auch schon von dem als nothwendig erkannt
werden, welcher nur eine annähernde, mangelhafte Vorstellung des Ideals hat, theils solche, die erst demjenigen, welchem dasselbe in voller Klarheit und Deutlichkeit vorschwebt,
als wesentlich erscheinen können. Daher werden auch nur
die ersteren Tugenden allgemein verlangt, die anderen dagegen sehr gepriesen und anerkannt, und ihrem Besitzer ein
höherer Grad sittlicher Bildung zugeschrieben. So unterscheidet Aristoteles, als der beste Interpret der griechischen
Sittlichkeit, zwischen Tugenden des richtigen Ebenmaasses
der Seele und solchen der reinen Vernunftthätigkeit (ethischen und dianoetischen Tugenden), das Mittelalter zwischen
Tugenden der Unterwerfung unter Gottes Gebot, und solchen
des vollen Aufgehens in Gott (ethischen und theologischen
Tugenden), die neuere Zeit muss aber unterscheiden zwischen
Tugenden der Gesellschaft und der höheren geistigen Ausbildung (moralischen und humanistischen Tugenden).
Kennt man das sittliche Ideal einer Zeit vollständig, so
kann man daraus mit Leichtigkeit die Tugenden ableiten.
Es muss hierbei jedoch berücksichtigt werden, dass jenes
nicht gleich fertig da ist, sondern sich erst, wie schon erwähnt wurde, im geschichtlichen Entwicklungsgange ausbil-
det. Will man desshalb beispielsweise die Tugenden des Humanismus wiedergeben, so muss man beachten, dass derselbe
sich an das Abhängigkeitsbewusstsein des Mittelalters an-

schloss, welcher Umstand zur Folge hatte, dass er zunächst als die volle Unbeschränktheit des Einzelnen von jedem Zwange gesellschaftlicher Verhältnisse gefasst wurde. Diese Ansicht, welcher in der Person Ludwig's XIV. und in der ersten französischen Revolution ihren praktischen Höhepunkt erreichte, musste sich erst durch den Erfolg als falsch erweisen, ehe man zur Ueberzeugung kommen konnte, dass man nur dann zum Genusse seiner Menschlichkeit gelangt, wenn man gelernt hat, Mensch unter anderen Menschen zu sein, wenn man sowohl die natürlichen Verbindungen in der Gesellschaft rein auszubilden sucht und sich ihnen ganz und gar hingibt, als auch die ausgedehnteste geistige Wechselwirkung mit Anderen pflegt, um vor Allem den höchsten in uns angelegten Keimen, denen zur Wissenschaft, Kunst und Religion die vollste Entfaltung ihrer Triebkraft verleihen zu können. Da es nun in ersterer Hinsicht vorzüglich darauf ankommt, dass die natürlichen Beziehungen nicht getrübt werden, so müssen Rechts- und Wahrheitsliebe, Pflichttreue und Ehrenhaftigkeit als die ersten moralischen Tugenden des Mannes, Sittlichkeit, Familiensinn und Friedfertigkeit als die des Weibes, Wohlthätigkeit für Andere als eine gemeinschaftliche moralische Tugend beider angesehen werden. Als humanistische Tugend andererseits hat das Streben nach Verbreitung absoluter Schönheit, und voller wissenschaftlicher und religiöser Wahrheit zu gelten.

An den Tugenden der zweiten Art, den dianoetischen, theologischen und humanistischen, erkennt man sehr leicht, was aus der Verschiedenheit der Ideale menschlicher Vollkommenheit ohne Weiteres folgt, dass das Sittliche nichts Feststehendes ist, wie dieses im gemeinen Leben und meistens auch in der Wissenschaft angenommen wird. Es erklärt sich die falsche Meinung allerdings hinlänglich aus dem Umstande, dass für eine so kurze Dauer, wie sie das Leben des Einzelnen hat, zumal bei ruhiger Entwicklung, das Sittliche nur einer äusserst geringen und nicht bemerkbaren Schwankung unterworfen ist, so dass dasselbe nothwendig als absolut erscheinen muss. Wenn schon aus diesem Grunde die etwaige Befürchtung, aus der Lehre von der Veränderlichkeit des Sittlichen könnten Nachtheile für das praktische Leben erwachsen, ungerechtfertigt ist, so um so mehr, wenn man bedenkt, dass jene Veränderung nur statthat unter einem fortwährenden Fortschritte. Umgekehrt hat aber auf die Wissenschaft gerade die Lehre von der Stabilität des Sittlichen verderblich gewirkt, indem man noch immer viel zu sehr gewöhnt ist, Thaten und Meinungen vergangener Zeiten nach den heutigen sittlichen Grundsätzen zu beurtheilen. Wenn man erst gelernt hat, hier den richtigen Standpunkt zu gewinnen, so wird alsbald eine grössere Gerechtigkeit, wie bisher, Platz greifen, es wird manches Verdammungsurtheil nicht mehr gefällt und manches Lob nicht mehr ertheilt werden.

Es mag mit Recht noch die Frage aufgeworfen werden, wodurch das sittliche Ideal einer Zeit seinen Inhalt bekommt. Aus unserer Darlegung der Ideale der verschiedenen Zeiten dürfte klar sein, dass dieses bald durch die Lust-, bald durch die religiösen Gefühle oder auch durch beide geschieht. Im griechischen und römischen Alterthume ist es die Lust des Einzelnen, im Mittelalter das religiöse Gefühl des Einzelnen, in der neueren Zeit aber überwiegend wiederum die Lust, jedoch nicht die des Einzelnen, sondern die Aller. In den ethischen Schriften besonders der neuesten Zeit hat man desshalb auf die Beziehung des Sittlichen zur Lust mit Nachdruck aufmerksam gemacht.

Es muss noch bemerkt werden, dass bei denjenigen, welchen das sittliche Ideal noch nicht zum Bewusstsein gekommen ist, reale Personen als Repräsentanten desselben auftreten, wie bei den Kindern die Eltern und Lehrer, bei der Masse des Volkes die Priester.

In der hier entwickelten Auffassung des Sittlichen habe ich zwei Forscher, Kant und v. Kirchmann, zu Vorgängern. Kant lehrte, dass das sittliche Handeln motivirt werde durch die Achtung, verfehlte sich aber darin, dass er diese Achtung von einem bloss formellen Gebote der Vernunft erwecken liess; v. Kirchmann erkannte diesen Fehler und verbesserte ihn so, dass er den Gegenstand der Achtung als ein Erhabenes bestimmte; er irrte sich aber seinerseits, wenn er das Erhabene als Macht, wenngleich als eine unermessliche, ansah. Diesen letzten Fehler hoffe ich durch die obige Auseinandersetzung beseitigt zu haben.

Die Wissenschaft des Sittlichen hat im Wesentlichen folgende Theile. Zunächst sind die Moralsysteme der verschiedenen Zeiten, Völker und Religionen ihrem allgemeinen Grundcharakter nach darzulegen, oder bestimmter, es müssen die verschiedenen Ideale menschlicher Vollkommenheit und die daraus fliessenden Pflichtgebote und Tugenden untersucht werden. Zweitens aber handelt es sich darum, die Entstehung und Fortbildung der einzelnen Systeme zu ergründen und den Uebergang eines Ideals in ein anderes zu begreifen.

Wenn an die Wissenschaften von den Gütern, der Religion und dem Sittlichen die von der Kunst als einem weiteren geistigen Erzeugnisse des Geistes angereiht wird, so liegt der Grund hiervon darin, dass, während für jene Bildungen immer nur eine bestimmte Gruppe der Gefühle des Menschen von wesentlicher Bedeutung waren, dieselben für die Kunst als die erste Bedingung ihrer Entstehung sämmtlich vorausgesetzt werden müssen. Andererseits beruht aber auch ihr Genuss in den nämlichen Gefühlen und es ist bekannt, dass diese von den Werken der Kunst in der Seele des Beschauers geweckt werden. Ein Unterschied derselben von der Art und Weise ihres gewöhnlichen Auftretens liegt jedoch in einer ihnen eigenthümlichen Modifikation, darin bestehend, dass sie die vollkommenste Ausbildung besitzen; dieser Ausdruck soll nur den Sinn haben, dass die Gefühle so beschaffen sind, wie sie nothwendig sein müssen, wenn sie die Seele ganz erfüllen und durch keinen anderen Zustand des Geistes, durch ein entgegengesetztes Gefühl, Wollen, Vorstellen oder Denken, in ihrer vollen Entwickelung gehemmt werden. Indem wir die Gefühle aus der Kunst auf solche Art charakterisirten, haben wir letztere als eine Unterart des Aesthetischen angegeben, dessen Wesen in der eigenthümlichen Natur eben jener Gefühle begründet ist. Bezeichnet man diese Beschaffenheit als Idealität, so kann man das Aesthetische als „ein ideale Gefühle erregendes Gegenständliches" definiren; wobei es gleichgültig ist, ob durch es nur ein einzelnes Gefühl oder ihrer mehrere geweckt werden. Durch jene Bestimmung ist sein Inhalt ganz und gar erschöpft.

Wollte man meinen, die Definition erweise sich schon durch ihre blosse Form als falsch, da sie gar nicht die Gegenständlichkeit des Aesthetischen, sondern nur seine Beziehung zum Subjekt angebe, so muss ich erwidern, dass das Wesen des Aesthetischen ganz allein in dieser Beziehung besteht und dass seiner allgemeinen Natur die Beschaffenheit des Gegenständlichen völlig gleichgültig ist, während freilich andererseits das besondere Schöne dadurch modificirt wird. Auch von Kant wird das Aesthetische rein subjektiv gefasst, wenn er sich auch in der Bestimmung selbst irrte.

Das Aesthetische ist entweder ein Schönes oder ein Hässliches, welche sich dadurch unterscheiden, dass die durch ersteres hervorgerufenen Gefühle der Lust und Achtung, die durch letzteres der Unlust und Verachtung angehören. Das Hässliche ist jedoch für sich nicht Gegenstand der Kunst, es kann nur im Ganzen eines Kunstwerkes seine Stelle finden, wo es die Bestimmung hat, durch den Kontrast ein Schönes stärker hervortreten und die durch dieses erzeugten Gefühle stärker anwachsen zu lassen. Hiernach ist es gerechtfertigt, wenn wir in Vernachlässigung des Hässlichen unsere Betrachtung auf das Schöne allein beschränken.

Das Schöne besondert sich in die beiden Arten des Natur- und Geistig-Schönen, eines ideale Gefühle der Lust und der Achtung erweckenden Realen, und des Kunstschönen, eines ideale Gefühle der Lust und der Achtung erweckenden

Bildes eines Realen. In Wirklichkeit existirt in Natur und
Geist kein Schönes, welchem nicht einer der vielen Fehler anhaftete, die nothwendig verhindern müssen, dass
die Seele sich der vollen Entwickelung der von ihm hervorgerufenen Gefühle hingeben kann. Dem sucht die Kunst ab-
zuhelfen, indem sie im Bilde das Reale von jenen Mängeln
zu befreien sucht, was, wenn freilich auch nur in ihren vol-
lendetsten Leistungen, bis zu dem Grade gelungen ist, dass
selbst der ausgebildetste Kunstgeschmack an ihnen nichts
Störendes mehr zu entdecken weiss. Man könnte versucht
sein, jene Veränderung des Realen im Bilde als Verbesserung
anzusehen, zumal wir sie als eine Beseitigung von Mängeln
bezeichneten. Diese Mängel sind jedoch nur solche für die
beabsichtigte Wirkung, nicht aber am Dinge selbst, welches
letztere sich beim Komisch-Schönen geradezu eine objektive
Verschlechterung muss gefallen lassen; wesswegen es auch
nicht erlaubt ist, das Kunstschöne etwa als das Bild eines
idealisirten oder vervollkommneten Realen zu bezeichnen.
Es mag nicht unerwähnt bleiben, dass ich die Anregung zu
unserer obigen Definition der Aesthetik von Kirchmann's verdanke, welcher Forscher jedoch die idealen Gefühle zu sehr
von den realen fernhält, wie er einen ähnlichen Fehler für
den Unterschied der Achtungs- von den Lustgefühlen beging.
    Mit Kant wird vielfach angenommen, dass ein Schönes
Anspruch auf allgemeine Anerkennung mache. Thatsächlich
geht jedoch diese Forderung nur so weit, als man Personen
von derselben körperlichen und geistigen Entwicklung, der
gleichen Bildung, der gleichen Zeit und der gleichen Nationalität eine bis zu einem gewissen Grade gleiche aesthetische Empfindung zumuthet, weil ihnen mit Recht eine annähernd gleiche Gefühlsempfänglichkeit zugeschrieben wird.
Jene Forderung weiter ausdehnen zu wollen, wäre unrichtig.
    Man wird einwenden, dass, wenn das Schöne so sehr
subjektiver Natur ist, die Aesthetik keine allgemein gültigen
Kunstnormen zu geben vermag, was doch ihre Aufgabe sei.
Hiergegen muss ich mit Entschiedenheit geltend machen, dass
es durchaus falsch ist, von der Aesthetik zu verlangen, sie
solle Normen oder normative Gesetze des Schönen entwickeln.
Es ist eine weit verbreitete, aber den Zweck der Wissenschaft
verkennende Ansicht, zu glauben, gewisse geisteswissenschaftliche Disciplinen, die Wissenschaftswissenschaft, die materielle
Güterlehre, die Ethik, die Aesthetik und die Rechtswissenschaft hätten normative Gesetze aufzustellen, sie hätten beispielsweise zu bestimmen, wie weit die Wissenschaft induk-
tiv, wie weit sie deduktiv verfahren dürfe, wie weit eine un-
begrenzte Produktion der materiellen Güter zuzulassen sei,
bis zu welchem Grade Jemand der unbeschränkten Ausbil-

dung seiner selbst nachgehen dürfe, welche Versmaasse ein
lyrischer Dichter anwenden und welche Haltung des Kopfes
ein Bildhauer einer Statue geben solle, welche Strafe dem
Staat zu verordnen und welche ihm nicht zu verordnen zukomme. Man sollte aus der Analogie der Naturwissenschaft
schliessen, dass alle solche Fragen nicht der reinen, sondern
nur der praktisch angewandten oder anzuwendenden Wissenschaft angehören, dass es dagegen die erstere mit der Ergründung der daseienden Erscheinungen, ihres allgemeinen Verhaltens und vor Allem ihrer Ursachen zu
thun hat. Die Wissenschaft hat das, was existirt,
innerlich zu reproduciren, nicht aber aus sich Neues
zu erzeugen. Man wird die Analogie mit der Naturwissenschaft desshalb verkehrt finden, weil die Natur von Gesetzen,
der Geist aber von Ideen regiert werde, indem er berufen
sei, diese Ideen im Laufe der Geschichte zu verwirklichen.
Auch in bin der wissenschaftlichen Ueberzeugung, dass es
solche Ideen gibt, worunter ich jedoch etwas den Geistern
Immanentes verstehe, einen Idealzustand, welchen die geschicht-
liche Entwicklung zu verwirklichen strebt, als ein Werk der
ewigen Liebe Gottes; und auch ich erkenne die Berechtigung
an, der Ergründung dieses Zustandes wissenschaftlich nach-
zugehen und vor Allem die Leistungen der verschiedenen Perioden der Weltgeschichte und das Prinzip ihres Fortschritts
begreifen zu wollen, muss jedoch bemerken, dass die Beant-
wortung solcher Fragen nicht der Geisteswissenschaft zukommt,
sondern der Philosophie der Geschichte — wir kommen später auf sie zu sprechen —, überdiess aber, dass die Aufgabe
von den meisten Forschern keineswegs in dieser Tiefe erfasst
wird, sondern dass dieselben der überwiegenden Anzahl nach
nichts weiter liefern, als ein Räsonnement zur Vertheidigung
der Forderungen ihrer Zeitverhältnisse und Zeitanschauun-
gen, wobei der Vertheidiger sowohl als der, welcher ihm
Gehör zu schenken geneigt ist, nur desshalb von seinen Gründen sich überzeugt, weil sein Gefühl und Begehren versteck-
ter oder offener im Hintergrunde steht und ihm die Meinung
schon vor der Ueberredung aufdrängt. Ueber diese Schriften geht die Gefühlsweise späterer Zeiten unbekümmert hin-
weg, sie behalten jedoch ihren dauernden Werth als die vielleicht verständlichsten Beiträge zur Culturgeschichte der Ver-
gangenheit. Wissenschaftliche Bedeutung kommt ihnen nur
so weit zu, als die Verfasser doch gezwungen sind, bis zu
einem gewissen Grade auf das Wesen der Sache selbst ein-
zugehen; und es muss zugestanden werden, dass sich ein
wissenschaftlicher Kern allmählich aus solchen zu praktischen
Zwecken angestellten Untersuchungen entwickelt, ein Vor-

gang, welchen man sich noch jetzt vielfach zu vergegenwär-
tigen im Stande ist.

Man wird nach dieser Auseinandersetzung vielleicht zu-
geben, dass die Wissenschaften von den geistigen Erzeugnissen des Geistes keine normativen Gesetze für ihren Gegenstand aufzustellen haben und dass somit auch die Aesthetik den Rang einer blossen Lehre verschmäht; aber man
wird behaupten, dass die Subjektivität des Schönen der Möglichkeit einer Wissenschaft überhaupt entgegenstehe, welche
ihre Abstraktionen nicht für sich behalten wolle, sondern allgemeine Anerkennung für sie verlange. Hiergegen ist zu erwidern, dass bei Personen gleicher körperlicher und geistiger Entwickelung, gleicher Bildung, gleicher Zeit und gleicher Nationalität eine annähernd gleiche aesthetische Empfindung zugegeben wurde; der Forscher hat sich daher zunächst
an die von den Gebildeten seiner Zeit anerkannten Kunstwerke zu wenden und sich auf Grund ihrer eine allgemeine
Basis zu verschaffen. Wenn er von den so gewonnenen Resultaten aus dann auch die Kunstwerke anderer Zeiten, Völker, Bildungs- und Entwickelungsstufen zu begreifen sucht,
so wird er allmählich zu umfassenden allgemein anzuerken-
nenden Begriffen gelangen.

Indem wir der Aesthetik ihren Platz im Systeme der
Wissenschaften bestimmten, mussten wir sie als die Wissenschaft von der Kunst, nicht als die vom Schönen definiren.
Der gewöhnliche Brauch ist der umgekehrte; diese Differenz
ist, da die Betrachtung des Kunstschönen die Kenntniss des
Natur- und Geistig-Schönen voraussetzt, welche sie zu diesem Zwecke der Psychologie zu entnehmen hat, ohne jegliche
weitere Folge, wenngleich für unsere Gliederung der Vorzug
der grösseren logischen Strenge in Anspruch genommen wird.

Nachdem wir bei der Betrachtung der Güter, der Religion, des Sittlichen und der Kunst die ganze Reihe der
menschlichen Gefühle kennen gelernt haben, können wir zum
Zwecke der Erklärung eines weiteren geistigen Erzeugnisses
des Geistes uns des bekannten Ausdrucks der Befriedigung
eines Bedürfnisses bedienen. Unter ihm soll das durch eine
Handlung zu bewirkende Erwachen oder nicht Erlöschen eines bestimmten realen oder idealen Gefühles der Lust oder
Achtung und das nicht Erwachen oder Erlöschen eines bestimmten realen oder idealen Gefühles der Unlust oder Verachtung verstanden werden, so dass demselben also eine
sämmtliche Motive des menschlichen Handelns umfassende
Bedeutung gegeben wird. Die Bedürfnisse sind die Motive
des Handelns d. h. bei der Entscheidung über die Zweck-
mässigkeit oder Unzweckmässigkeit irgend eines Thuns zieht
das Denken ganz allein seine Folge für die Gefühle, die

durch es zu erlangende Befriedigung der Bedürfnisse in Erwägung und Berechnung.

Es sind nun von den Gefühlen immer nur sehr wenige im Bewusstsein gegenwärtig und ausserdem kann der Einzelne bei der geringen Anzahl von Erfahrungen, welche er selbst zu machen im Stande ist, gar nicht entscheiden, welche möglichen Folgen unter gegebenen objektiven Verhältnissen und Schwierigkeiten ein bestimmtes Handeln für seine Gefühle, zumal für solche erst in späteren Perioden der Entwickelung und der Lebensschicksale eintretenden, haben wird. Er würde desshalb meistens verkehrt handeln, hätte nicht der Lauf der Geschichte ihm zum Rathgeber die Gewohnheiten hervorgebracht, die, das universellste Erzeugniss des Geistes, in bestimmten Weisen des Handelns bestehen, welche sich durch die Erfahrung vergangener Geschlechter als die unter gegebenen Verhältnissen, zumal bei der Collision mit den Absichten Anderer, sichersten Mittel zur Befriedigung aller sowohl gegenwärtigen als wahrscheinlich zukünftigen Bedürfnisse bewährt haben; sie müssen wohl auseinandergehalten werden von den gesellschaftlichen Sitten, die, wenn sie aus der richtigen Gesinnung hervorgehen, den Tugenden angehören.

Verschieden sind die Gewohnheiten nach Familie, Beruf, Stand, Stamm, Nation und geschichtlichen Schicksalen, und zwar so weit, als die Bedürfnisse hiernach verschieden sind; sie ändern sich mit dem Wechsel der Bedürfnisse und der objektiven Verhältnisse, und die Geschichte zeigt in solchen Fällen, zumal bei einem plötzlichen Umschlag in den Gefühlen, einen Kampf gegen die veralteten Gewohnheiten, welchen man im Kleinen sehr deutlich zu jeder Zeit zu beobachten vermag. Obgleich das Interesse an den Gewohnheiten der verschiedenen Zeiten und Völker in neuerer Zeit sehr gewachsen ist, so hat doch die Wissenschaft von ihnen noch keine selbständige Behandlung erfahren.

Wenn an die Wissenschaft von der Gewohnheit, wie es von uns jetzt geschehen soll, die des Rechts, als des letzten der geistigen Erzeugnisse des Geistes, angereiht wird, so ist dieses auch sachlich dadurch motivirt, dass beide, Gewohnheit, wie Recht, den treibenden Grund ihrer Entstehung in den Bedürfnissen oder Gefühlen besitzen und in gleicher Weise Vorschriften des Handelns aufstellen. Der wesentliche Unterschied besteht jedoch darin, dass, während die Gewohnheit gleichsam auf freier Zustimmung beruht, das Recht durch die Gewalt der Mächtigen erzwungen wird. Daher finden im Recht unmittelbar nur die Bedürfnisse derer Berücksichtigung, welche eben die Macht besitzen, ihrem Willen den übrigen gegenüber Geltung zu verschaffen, wobei es natürlich nicht ausgeschlossen ist, dass auch die Gesammtheit Aller, als eine einheitliche Gewalt auftreten und die sich aus ihr loslösende vereinzelte Person nöthigen kann, nach gemeinsamem Interesse zu handeln. Desshalb enthält das Recht in erster Linie Vorschriften für die Machtlosen — für die Untergebenen, in welche Stellung sie durch die ihnen ertheilten Gebote erst herabgedrückt werden —, die den Zweck haben, das Handeln dieser so zu ordnen, dass dadurch der Wille der Mächtigen erreicht werden muss, und Institutionen, welche zur realen Geltendmachung dieser Vorschriften bestimmt sind. (Da wahrscheinlich alle Volksstämme im Anfange der Geschichte demokratisch gegliedert waren, so gingen wohl die Institutionen den Vorschriften zeitlich vorher, und diese bestanden nicht in ausgesprochenen Sätzen, sondern in den thatsächlichen Entscheidungen, welche die Rechtsprechenden zur Schlichtung entstandener Streitigkeiten und zur Sühne zugefügten Unbills zu treffen gewohnt waren, und die später erst in der Form allgemeiner, das Leben der Einzelnen beherrschender, Rechtsregeln zum Bewusstsein gelangen konnten).

Aus der Tendenz des Rechtes folgt, dass zu seiner Bildung die Gefühle nicht mehr in der stillen unbewussten Weise, wie zur Entstehung der Gewohnheit, thätig sein können, sondern in der Form mehr oder weniger umfassender, bewusster, bestimmter oder unbestimmter gefasster Zwecke; welchem Umstande es zuzuschreiben ist, dass alle die Bedürfnisse, welche zwar existiren, aber noch nicht als bewusste Zwecke gesetzt wurden, für das Recht nicht vorhanden sind. Wenn freilich in dem Rechte unserer humanistischen Zeit keine Bevorzugung dieser oder jener Bedürfnisse mehr stattfindet, so kamen doch in dem des griechischen und römischen Alterthums fast nur die egoistischen, in dem der mittelalterlichen Kirche überwiegend die sittlich-religiösen Gefühle zur Geltung.

Es wurde behauptet, dass das Recht nur von der Macht ausgehe zum Zwecke der Realisirung bewusster eigener Zwecke. Diese Ansicht ist mit Entschiedenheit festzuhalten; es ist jedoch hervorzuheben, dass die Macht sich ebenso wohl von sittlichen und religiösen Motiven, als von egoistischen, leiten lassen kann. Dazu kommt, dass schon die Regeln der Klugheit gebieten, bei der Verfolgung eigener Zwecke die Interessen der Untergebenen — das hier Gesagte hat selbstverständlich nur Bedeutung für eine Theokratie, Monarchie und Aristokratie — nicht zu vernachlässigen, wenn letztere nicht, beeinträchtigt, zu eigener Kraft sich entwickeln und als Mächte auftreten sollen, ein Ereigniss, welches am Grossartigsten in Frankreich nach der gänzlichen Vernach-

lässigung des Volkswohls unter Ludwig XIV. und seinen
Nachfolgern in der grossen Revolution vor sich ging, und
das sich später noch oftmals wiederholt hat.

Man möchte gegen unsere Auffassung von der Entstehung des Rechts einwenden, dass, wenn es auch nicht zu
leugnen sei, dass später dasselbe durch die Macht modificirt
werde, es doch ursprünglich aus der Gewohnheit hervorgehe.
Diese Wahrheit steht, ist zu erwidern, mit unserer Lehre in
keinem Widerspruche, denn, wenn das Recht ursprünglich aus der Gewohnheit seinen Inhalt empfängt, so ist diese
doch noch nicht als solche Recht, sondern wird es erst dadurch, dass sie von der Macht stillschweigend oder ausdrücklich als Handelnsnorm sanktionirt wird (die Form des Rechts
erhält). Wenn es also richtig sein mag, dass Gewohnheit
und Recht anfänglich dem Inhalte nach gleich sind, so mussten sich aber mit der Aenderung der socialen und politischen
Verhältnisse mit Nothwendigkeit eine immer bestimmtere Los-
sagung des Rechts von der Gewohnheit vollziehen; so dass
in den modernen Staaten das Gewohnheitsrecht fast ganz beseitigt sein dürfte. Uebrigens wird ein Gesetz, wenn es von
der bisherigen Gewohnheit abweicht, über kurz oder lang
selbst zur Gewohnheit. Aus diesem Grunde bleibt es meist
verborgen, dass das Motiv des Handelns nach dem Recht die
Furcht ist, was von selbst daraus folgt, dass es der Macht
seine Entstehung verdankt. Es tritt diese Wahrheit nur dann
sichtbar zu Tage, wenn Jemand dasselbe zu übertreten ge-
sonnen ist. Begünstigt wird das rechtmässige Handeln überdiess dadurch, dass die Gebote des Rechts vielfach mit denen
der Moral zusammentreffen und schon aus diesem Grunde
leichteren Gehorsam finden. Ein Gebot des Rechts, bei dem
letzteres statthat, dass es einem solchen der Moral inhalts-
gleich ist, nennt man gerecht, und es ist die Gerechtigkeit
nichts Besonderes neben dem Sittlichen und dem Recht, sondern nur eine Uebereinstimmung beider. Im Allgemeinen ist
das Recht indifferent dagegen, ob es gerecht ist oder ungerecht, es kann auch ungerecht sein.

Daraus, dass die Macht das Recht festsetzt, folgt weiter,
dass ein bestimmtes Rechtsganzes sich so weit erstreckt, als
eine bestimmte Macht, dass es also für alle die Personen gilt,
denen gegenüber die Macht sich als solche gezeigt hat und
zeigen kann. In nichts Anderem, als in der Identität der
Macht ist die Rechtseinheit einer Gesellschaft, eines Aggre-
gats von Personen begründet, eine Wahrheit, welche man an
den Weltreichen des alten Roms und der mittelalterlichen
Kirche besonders deutlich vor Augen hat.

Das Recht geht also aus der Macht hervor. In dieser
Form enthält der Satz jedoch noch eine Unrichtigkeit, in so

3

fern als er nur von einer Macht spricht, während in Wirklichkeit in einer Gesellschaft mehrere bestehen können. Im
letzteren Falle entstammt das Recht nicht, wie im ersteren,
einer Macht allein, sondern allen zusammen, welche, wenn
sie nicht in einem beständigen Kampfe, der jedoch auf die
Dauer unmöglich wird, liegen wollen, eine Vereinbarung über
den Wirkungskreis der Gültigkeit der verschiedenen Willen
treffen müssen. Der Wirkungskreis wird im Allgemeinen
dem Machtverhältnisse entsprechend sein.

In dieser Vereinbarung lernen wir eine zweite Art des
Rechts kennen, dessen erstere bekanntlich in Vorschriften für
die Untergebenen und Institutionen zu ihrer Realisirung be-
stand. Eine dritte ergibt sich daraus, dass die Mächte einer
Gesellschaft mit denen einer anderen Uebereinkünfte schliessen, in denen sie sich zum Schutze und zur Förderung ihrer Interessen von Seiten dieser zu entsprechenden Gegen-
leistungen verpflichten.

Weitere Arten des Rechts gibt es nicht und es fragt sich,
welches das gemeinsame Kriterium ist von Vorschriften, Institutionen und Vereinbarungen; ich finde kein anderes, als
das der That, des Resultates einer Handlung. Vorschriften
ertheilen, Institutionen einrichten und Vereinbarungen treffen
ist ein Handeln, die gegebene Vorschrift, die fertige Institu-
tion, die gemachte Vereinbarung eine That; und wenn man
zweifelhaft sein sollte, ob letzteres Wort wirklich die Bedeutung hat, Resultat einer Handlung zu sein, so gebe ich sie
ihm für den Zweck der Definition des Rechts. Diese sind
wir jetzt im Stande aufzustellen; sie lautet: das Recht ist
der Inbegriff aller Thaten der Mächte in einer Gesellschaft
zur Regelung ihres Verhältnisses unter einander, der Handlungen ihrer Untergebenen und ihres Verhältnisses zu Mächten in anderen Gesellschaften gemäss bestimmten eigenen
Zwecken. Es ist zu zeigen, dass in dieser Definition alle
Theile des Rechts enthalten sind.

Die That zur Regelung des Verhältnisses der Mächte in
einer Gesellschaft zu einander hatten wir vorhin als eine
Vereinbarung über den Wirkungkreis der Gültigkeit der verschiedenen Willen bezeichnet. Diese Vereinbarung ist das
Verfassungsrecht der Gesellschaft. Sie kann eine zwiefache
Form annehmen, entweder die Mächte bestimmen sich nur
die Grenzen, innerhalb deren die eine die andere nicht stören
darf und jede handelt dann auf dem ihr angewiesenen Gebiete
selbständig und im eigenen Namen, oder sie vereinigen sich
dahin, dass neben den Handlungen, die der einzelnen gestattet
sind, auch ein gemeinschaftliches Gebiet der Rechtsgebung existiren soll, dass aber überdiess alle Vorschriften, sie mögen von
einer Macht allein oder von beiden ausgehen, nur als im Na-

men der Vereinigung gegeben anzusehen sind. Wenn mehr
als zwei Mächte in der Gesellschaft existiren, so können
beide Formen der Vereinbarung neben einander bestehen und
sie bilden dann zusammen das Verfassungsrecht. In den
modernen Rechtsgesellschaften besteht das zweite Verhältniss
zwischen den sogenannten weltlichen Mächten (dem Fürsten,
dem Adel und dem Volke) und man nennt ihre Vereinigung
den Staat, das erstere aber zwischen dem Staate und der
höheren katholischen Geistlichkeit. Gewöhnlich bezeichnet
man nur die Vereinbarung über das Verhältniss der weltlichen Mächte als Verfassungsrecht, die über das des Staates
zum Clerus rechnet man dagegen zum Kirchenrecht. Diese
Auffassung mag bei der Tendenz der modernen Entwickelung, der Kirche alle Macht zu nehmen, für praktische Juri-
sten Werth haben, sie entbehrt aber der logischen Richtig-
keit. Es ist übrigens gar nicht ausgeschlossen, dass sich
auch die weltliche und geistliche Macht mit einander vereinigen, welches wohl im Aegyptischen Reiche und im Jüdi-
schen Königthume der Fall gewesen ist. Um den Umfang
des Verfassungsrechtes genau zu bestimmen und von dem
übrigen Recht zu unterscheiden, heben wir nochmals hervor,
dass dasselbe nichts weiter festsetzt, als innerhalb welcher
Grenzen die einzelnen Mächte freie und selbständige Han-
delnsbefugniss besitzen und auf welchen Gebieten der Rechtsgebung sie verpflichtet sind, nur in Gemeinschaft mit den
übrigen zu verfahren und sich desshalb vorher über die zu
thuenden Schritte mit ihnen zu vereinbaren; dass es aber
keine der Bestimmungen und Institutionen enthält, in denen
die wirkliche Ausführung der Handlungen schon enthalten ist.

Wenn Staat und Kirche unvereint in der Gesellschaft
nebeneinander bestehen, so folgt, dass das von ihnen gesondert ausgehende Recht nebeneinander zu ordnen ist, und dass
also das geistliche Recht nicht dem weltlichen beigezählt
werden darf. Es liegt sogar die Vermuthung nahe, dass
kirchliches und weltliches Recht genau gleiche Theile besitzen, es fragt sich jedoch, wie weit diese Vermuthung gerechtfertigt ist. Unsere Definition verlangt, dass staatliches,
wie kirchliches Recht zunächst Thaten zur Regelung der
Handlungen der Untergebenen enthalten muss; wir haben
sie bereits als Vorschriften für letztere und als Institutionen
zu ihrer praktischen Durchführung kennen gelernt. Die Vorschriften können nun zweierlei Art sein, allgemeine oder Normen und besondere. Die letztern gehen von der hierzu von
den Mächten beauftragten Verwaltung aus und sind für au-
genblickliche vorübergehende Zwecke berechnet, aus welchem
Grunde sie in kein zusammenhängendes System gebracht
werden und desshalb keine juristische Disciplin bilden; die

ersteren dagegen werden von den Mächten selbst festgesetzt
und sind für dauernde Zwecke gegeben; sie sind wiederum
von zweierlei Art, entweder solche, welche die zwischen den
Untergebenen bestehenden natürlichen Verhältnisse des Be-
sitzes, der Vereinbarung, der Familie u. s. w. den Zwecken
gemäss zu ordnen, und solche, welche dem ganzen Handeln
jener eine den Zwecken entsprechende Gewöhnung verleihen
sollen; die einen bilden den Inhalt des Privat-, die anderen
den des Strafrechts. Man nimmt gewöhnlich an, dass das
Privatrecht den Nutzen der Einzelnen (Untergebenen) be-
zwecke; um das Irrige dieser Ansicht zu zeigen, erinnere ich
an solche Formen des Privatrechts, welche die Leibeigen-
schaft sanktioniren. Die zurückgewiesene Bestimmung ist,
wenn sie zutrifft, nicht wesentlich, sondern zufällig. Es er-
weist sich auch die bekannte grosse Scheidung des Rechts
in privates und öffentliches als unrichtig, da sie von einem
verfehlten Gesichtspunkte aus gemacht ist. Das Strafrecht,
sagten wir, solle dem ganzen Handeln der Untergebenen eine
den dauernden Zwecken der Gesellschaftsmächte entsprechende Gewöhnung geben; man mag dieser Ansicht den Namen einer Gewöhnungs-, oder auch Erziehungs- (nicht im
sittlichen Sinne ist dieser Begriff hier zu nehmen) Theorie
geben, sie ist den relativen Strafrechtstheorien beizuzählen;
die sogenannten absoluten enthalten keine wissenschaftliche
Wahrheit, sie erklären sich aber geschichtlich völlig daraus,
dass man in unserer Zeit bestrebt ist, dem Rechte einen immer sittlicheren Charakter aufzuprägen, es immer gerechter
(wir erinnern an unsere frühere Definition) zu machen. Ich
verweise zur Bekräftigung meiner Theorie vor Allem noch
auf die militärischen Strafen, die wohl schwerlich Jemand
aus einem anderen Gesichtspunkte ansehen könnte. Kirche
und Staat haben ein Privat-, wie Strafrecht festgesetzt, wenn
von ersterer dem Privatrechte auch keine so umfassende Ausbildung gegeben wurde.

Die Institutionen zur praktischen Durchführung der Vorschriften sind die Justiz und Verwaltung, welche auch unter
dem Gesammtnamen der letzteren zusammengefasst werden.
Justiz wie Verwaltung bestehen aus realen, auf Grund von
Gesetzen ernannten, mit den erforderlichen Aufträgen, aber
auch mit Instruktionen über ihr eigenes Verhalten versehe-
nen Personen (den Beamten). Die Justiz hat den Auftrag,
die allgemeinen Vorschriften, die Verwaltung jedoch zunächst,
bestimmte Zwecke zu realisiren; desshalb geht der Justizbe-
hörde die Vorschrift vorher, während sie der Verwaltungs-
behörde nachfolgt; beide Institutionen haben sich erst allmählich von einander geschieden und liegen noch jetzt vielfach in Competenzconflikten. Die Instruktionen des eigenen

Verhaltens, welche in der Justiz vornehmlich das Prozessver-
fahren, in der Verwaltung die erlaubten Grenzen ihres Handelns betreffen, sind in der Form von allgemeinen oder besonderen Vorschriften gegeben, bei deren Uebertretung durch
eine niedere Behörde der höheren eine Straffunktion zukommt. Die hier zur Anwendung kommenden Strafbestim-
mungen stellt man, so weit sie allgemeiner Natur sind, gemeinhin mit denen für die Untergebenen zusammen; ein praktisch werthvolles, aber nicht logisches Verfahren. Nur der
Staat hat Justiz und Verwaltung gesondert ausgebildet.

Nach der Definition des Rechts verbleiben noch die Vereinbarungen mit den Mächten anderer Gesellschaften; sie
sind nur vom Staate geschlossen und bilden den Inhalt des
Völkerrechts. Der Kirche war aus verschiedenen Gründen
die Ausbildung eines solchen Rechts unmöglich, wenn sie
auch den Gedanken daran mittelbar erst rege gemacht hat.

Nachdem ich die Theorie des Rechts wegen der gewöhnlichen falschen Auffassungen der Naturrechtslehrer — ein
Naturrecht existirt überhaupt nicht — schon weiter ausge-
dehnt habe, als die Abhandlung gestattete, muss ich es mir
versagen, noch die Annahme des Rechts als eines Organis-
mus zu widerlegen, erwähne jedoch kurz, dass die nicht zu
leugnenden Thatsachen, auf welche diese Lehre Bezug nimmt,
aus anderen Gründen völlig zu erklären sind. Ich bemerke
noch, dass ich auch in Betreff der Auffassung vom Rechte
manchen richtigen Gedanken der Anregung von Kirchmann's
(die Grundbegriffe des Rechts und der Moral, Berlin 1869)
verdanke.

Wir haben alle Geisteswissenschaften nach einander auf-
gestellt und das Objekt ihrer Forschung angegeben; so können wir jetzt auf die vorhin aufgeworfene Frage zurückkom-
men, ob Geisteswissenschaft identisch sei mit Philosophie
oder ob letzterer ein anderer Gegenstand, als das Allgemeine
der Geister ist, zukomme. Ueberschauen wir die einzelnen
Disciplinen, so erkennen wir, dass sie sämmtlich gemeinhin
für Theile der Philosophie ausgegeben werden; aber wir ver-
missen unter ihnen andere philosophische Wissenschaften, und
zwar gerade die, welche man wohl im engeren Sinne als
solche zu bezeichnen pflegt, die Metaphysik und die Naturphilosophie, welche, wie wir vor der Hand als bekannt annehmen wollen, beide nicht vom Geiste oder doch nicht von
ihm allein handeln.

Wir stehen hier vor einer wichtigen und entscheidenden
Frage, der nämlich, ob man bis jetzt mit Recht oder mit Unrecht Geisteswissenschaft und Philosophie in eine Wissenschaft zusammengefasst hat. Man wird zunächst den Versuch machen, den allgemeinen Brauch zu retten; hierzu blei-

ben nach dem nunmehrigen Stande unserer Kenntnisse über
den Inhalt der Geisteswissenschaft nur zwei Möglichkeiten:
Da wir nämlich den Geist als den Gegenstand der inneren
Erfahrung angegeben hatten, zugleich aber bei der Zergliederung dieser nur die angeführten Disciplinen als in ihr begründet erkannten, so muss entweder die Geisteswissenschaft aus einem über die innere Erfahrung hinausgehenden Grunde als ein Theil der Philosophie angesehen werden, so dass ihr alsdann die noch fehlenden Wissenschaften
als berechtigt angereiht werden können; oder aber die Metaphysik und Naturphilosophie sind keine eigentlichen, sondern nur vermeintliche Wissenschaften ohne Berechtigung,
die letztere vielleicht eine missverstandene Naturwissenschaft,
in diesem Falle würde die Geisteswissenschaft die Philosophie ganz erschöpfen. Indem wir beide Entscheidungen ohne
Gründe verwerfen, rechtfertigen wir dieses Verfahren dadurch,
dass im Folgenden die Widerlegung der zweiten Ansicht
schon von selbst geleistet wird, die richtige Stellung aber
zur ersteren am geeigneten Orte ausdrücklich dargelegt werden soll.

Wir stellen also die Behauptung auf, dass man mit Unrecht Geisteswissenschaft und Philosophie mit einander unter
dem Gesammtnamen der letzteren combinirt hat. Um den
Beweis hiervon zu führen, tritt an uns immer dringender die
Forderung heran, für den Inhalt der Philosophie einen realen
Gegenstand ausfindig zu machen, welcher nicht Geist und nicht
Natur ist, da, wie im Anfange der Abhandlung ausgemacht
wurde, einer Wissenschaft nur dann eine gesonderte Existenz
zukommt, wenn sie einen unterscheidenden Gegenstand auf-
weist. Wollte man nun etwa, ausgehend von der gewöhnlichen Auffassung, welche ausser Geist und Natur noch die
Gegenstände des religiösen Glaubens als real ansieht, den
Versuch machen, zu entscheiden, ob nicht vielleicht die wissenschaftliche Ergründung der Objekte einer wahren Religion
die Aufgabe der Philosophie sei, so würde man sich auf's
Rathen verlegen und im Blinden herumtappen. Man muss
vielmehr an die vorhandenen philosophischen Lehren heran-
treten, und einmal die in ihnen enthaltenen Forschungsmotive
aufsuchen, ein anderes Mal aber zusehen, zu der Annahme
welches Gegenstandes dieselben geführt haben. Unter den
Forschungsmotiven sind nur die Fakta zu berücksichtigen,
welche auch bei dem jetzigen Stande der Wissenschaften
noch zum Philosophiren veranlassen, nicht aber alle die, welche früher einmal im Laufe der Entwickelung der Erkenntniss von Bedeutung gewesen sind.

Die Impulse der philosophischen Forschung sind viererlei
lei Art, die nach der Reihe auf Verhältnissen der Natur für

sich, der Natur zu den Geistern, der Geister für sich und der
Natur und der Geister zu den Gegenständen des religiösen
Glaubens beruhen. Es sind lauter Fragen, deren Beantwor-
tung die Wissenschaften von der Natur und dem Geiste und
die Lehren der Religion, weil sie sie nicht zu leisten vermö-
gen, noch übrig gelassen haben; diese Eigenthümlichkeit ist
ihnen wesentlich. Zur ersteren Klasse gehören — die Auf-
zählung enthält natürlich nicht mehr Probleme, als mir bekannt sind — das Faktum der Kausalität und der Gegensatz des Naturmechanismus zu den Naturzwecken, zur zweiten das räumliche und zeitliche Ineinander von Natur und
Geist, die Wechselwirkung zwischen beiden, die Entwickelung des Geistes aus der Natur, der Gegensatz der mechanischen Gesetze der Natur zu denen der Seele und der Gegensatz der mechanischen Gesetze und der bestehenden Thatsachen der Natur zu den Bestrebungen der Geister im Laufe
der Weltgeschichte. Der dritten Klasse sind beizuzählen der
Gegensatz der mechanischen zu den selbstthätigen Zuständen
des Geistes (seiner Nothwendigkeit zu seiner Freiheit), der
Gegensatz dieser ewig-gleichen Prozesse zu dem Fortschritte
der Geschichte, der Zweck der einzelnen geistigen Erzeugnisse der Geister, die subjektive („formale") Eigenthümlichkeit des Wissens nach seinen beiden Momenten des Vorstellens und Denkens, und der Begriff des Seins; in die vierte
Klasse endlich fallen der Gegensatz des allmächtigen Handelns Gottes zu den ewigen Wahrheiten, der Gegensatz der
ewigen Liebe Gottes zu dem Uebel und dem Bösen und der
Gegensatz der Unsterblichkeit des Geistes zu dem Gebunden-
sein des geistigen Lebens an die Natur. Die Thatsachen der
letzteren Klassen finden selbstverständlich bei den Forschern
keine Berücksichtigung, welche den Religionen keine Wahrheit zuerkennen, und überhaupt haben auch die übrigen Motive nur Bedeutung für Jemanden, dem die darin liegenden
Schwierigkeiten schon zum Bewusstsein gekommen sind.

Das Ziel andererseits, zu dem die Erkenntniss in allen
in sich abgeschlossenen Systemen geführt wurde, ist eine Berichtigung der bestehenden religiösen Anschauungen und der
in den Wissenschaften gewonnenen Vorstellungen von der
Natur und den geistigen Dingen, und die erst hierdurch er-
möglichte Verknüpfung alles Wirklichen zu einer umfassenden Einheit, welche letztere im materiellen (lebendigen), nicht
im bloss formalen Sinne zu nehmen ist und ausserdem nicht
mit einem einheitlichen Wesen verwechselt werden darf.
Man wird sich desshalb vielleicht passender der Redeweise
bedienen, statt von einer Einheit von einem Ganzen zu sprechen, von einem solchen, welches jedem einzelnen Wirklichen

als seinem Gliede zu allem anderen Wirklichen, als seinen
übrigen Gliedern eine fest bestimmte Stellung oder vielmehr
lebendige Beziehung zuweist. Es ist kein ganz correctes
Verfahren, wenn wir hier einzig auf Grund der Lehren vor-
handener Systeme die Existenz eines Ganzen der Wirklichkeit behaupten; welches Versehen jedoch leicht wieder gut
zu machen ist, da das Dasein der Einheit in der Wechselwirkung zwischen Geist und Natur und dem Eingreifen Gottes in die Welt schon als Thatsache vorliegt. Schwerer wäre
es zu beweisen, dass zur Aufnahme in das Ganze die ge-
bräuchlichen Vorstellungen von Geist, Natur und den religiösen Dingen eine Berichtigung verlangen; man müsste sich
zu diesem Zwecke in tiefere metaphysische Untersuchungen
einlassen. Sie zu vermeiden, verweise ich auf Kant (Kritik
der reinen Vernunft), Herbart (Lehrbuch zur Einleitung in
die Philosophie), Beneke (System der Metaphysik und Religionsphilosophie) und Lotze (Mikrokosmus), deren Gründe
entweder schon vollgültig beweisen oder doch auf das Richtige hinführen können. Wenn man hiernach vielleicht zuge-
ben wird, dass die Annahme eines Ganzen von der angegebenen Eigenthümlichkeit berechtigt ist, so könnte man doch
einwenden, man dürfe nicht behaupten, dass dasselbe „alles"
Wirkliche umfasse, da man nicht wissen könne, ob nicht ausser Gott, Geist und Natur noch ein weiteres Wirkliches exi-
stire, welches zu ihnen entweder in einer uns unerkennbaren,
oder überhaupt in gar keiner Beziehung stehe. Gegen beide
Möglichkeiten müssen wir geltend machen, dass etwas, was
uns nicht erkennbar ist, für uns so gut wie gar nicht existirt, dass wir uns nicht genöthigt sehen, es zu berücksichtigen (vgl. eine ähnliche Auslassung in Lotze's Mikrokosmus
III. 1864 S. 467), gegen die zweite aber überdiess, dass ein
gänzlich beziehungsloses Sciendes — abgesehen davon, dass
es der Allmacht Gottes widersprechen würde — von uns nicht
einmal gedacht werden kann, da in dem Denken desselben
ja schon eine Beziehung zu ihm enthalten sein würde, dass
wir uns also weder vorstellen können, dass es sei, noch, dass
es nicht sei, dass wir, indem wir jetzt auf diese Art reflek-
tiren, uns nur mit einem Phantasiegebilde abgeben, welches
unnütze Beginnen, das ist das Ergebniss der Erörterung, von
uns aufgegeben werden soll. Der Definition der Philosophie
steht jetzt kein Hinderniss mehr im Wege; sie lautet: die
Philosophie ist die Wissenschaft von dem alles Wirkliche umfassenden Ganzen.

Obgleich hiermit die im Anfange der ganzen Arbeit aufgeworfene Frage beantwortet ist und so der Zweck unserer
Abhandlung erreicht wäre, so wollen wir dabei doch nicht
sofort abbrechen, sondern aus der erhaltenen Definition und

den sie begründenden Thatsachen noch ein Paar weiterer
Folgerungen ziehen, von denen eine an Wichtigkeit alle bis
dahin von uns entwickelten Resultate übertreffen möchte;
auch haben wir dieselbe noch gegen einen etwaigen Einwand
zu vertheidigen.

Bei der Philosophie findet sich, wie ohne Weiteres er-
hellen wird, im Gegensatze zu den „empirischen" Wissenschaften das eigenthümliche Verhältniss, dass, während in
diesen die Gewissheit der Existenz des Gegenstandes den
Problemen vorhergeht, in ihr das Umgekehrte stattbat. Hieraus und aus einem zweiten Umstande, dass erst mit der befriedigenden Auflösung der Probleme die Natur der Einheit
voll und in Wahrheit erkannt werden kann, würde jedoch
keineswegs folgen, dass unsere Definition der Philosophie
falsch sei, da vielmehr in allem Philosophiren die Voraussetzung einer solchen Einheit schon enthalten ist, während die
Untersuchung einzig darauf ausgeht, sie zu erfassen, wobei
es nicht ausgeschlossen bleibt, dass sie zu der Einsicht von
der Erfolglosigkeit ihres Unternehmens zu gelangen glaubt.
Desshalb braucht auch kein Forscher bis zur Aufstellung eines Ganzen fortgegangen zu sein, um den Anspruch erheben
zu können, Philosoph zu sein; hierzu genügt, sich mit den
obigen Problemen, den philosophischen Forschungsmotiven,
beschäftigt zu haben. Es ist sogar die klare Darlegung der
letzteren verdienstvoller als ein zu frühzeitiger Aufbau eines
Systems. An den Gegensatz der Gewissheit des Gegenstandes und der Probleme würde sich der vielfach übertrie-
bene Unterschied zwischen den Methoden der empirischen
und philosophischen Wissenschaften anschliessen, auf den ich
jedoch nicht näher eingehe.

Aus der Verschiedenheit der Probleme und ihrer mehr
oder weniger geglückten Ueberwindung folgt die Differenz
der Systeme, welche der Philosophie durchaus nicht zum
Vorwurfe zu machen ist, da sie vielmehr, so langsam der
Fortschritt auch sein mag, eine immer grössere Vertiefung
und Annäherung zur Wahrheit aufweisen.

Unsere Begriffsbestimmung der Philosophie könnte man
durch uns selbst zu widerlegen glauben, indem man meinte,
wir hätten ganz die vorher aufgestellte Forderung vergessen,
für sie einen von Geist und Natur verschiedenen Gegenstand
aufzufinden, da das Ganze des Wirklichen vielmehr Geist
und Natur mitumfasse; hieraus sei zu folgern, dass die Philosophie neben den empirischen Wissenschaften gar keine
Berechtigung habe. Es ist zu erwidern, dass der umgekehrte
Schluss der richtige ist, der nämlich, dass jene Wissenschaften der Philosophie gegenüber sich in dieser Lage befinden und
dass sie bestimmt sind, vollständig in die universelle Wissen-

schaft vom Wirklichen, wenn dieselbe sich ausgebildet hat,
zu verschwinden. Es muss jedoch ausdrücklich hervorgehoben werden, dass dieses keineswegs auch schon früher geschieht, dass ihnen vielmehr bis dahin eine völlig unabhängige und selbständige Stellung zukommt.

Es bleibt also bestehen, dass die Philosophie die Wissenschaft von dem alles Wirkliche umfassenden Ganzen ist;
es folgt hieraus, dass sie sowohl Natur und Geist, wie die
Gegenstände des religiösen Glaubens wissenschaftlich behandelt, wie schon in Früherem gesagt wurde, und dass sie die
zwei ersteren Objekte nicht nur nach ihrem allgemeinen Charakter, sondern auch nach ihren Besonderheiten betrachtet; wir
sehen jetzt den Grund ein, aus dem wir schon Anfangs (S. 8)
dagegen protestirten, die Philosophie ohne Weiteres den Wissenschaften vom Allgemeinen beizuzählen, und wo wir es
für wahrscheinlich fanden, dass die Eintheilung der Wissenschaften nach dem Allgemeinen und Besonderen der nach
dem Gegenstande untergeordnet sei; es ist ersichtlich, dass
sich die damalige Auslassung auch für die Philosophie be-
wahrheitet hat. Aus dem Gesagten ergeben sich fünf Unterarten der Philosophie, die Naturphilosophie, die Philosophie
der Geographie, die Geistesphilosophie, die Philosophie der
Geschichte und die Religionsphilosophie denen als die Wissenschaft von den Grundzügen des Weltganzen die Metaphysik als die sechste und höchste Wissenschaft gegenübertritt.
Den vier ersteren dieser Disciplinen kann man, wenn man
will, die ganze Reihe ihrer Unterarten hinzufügen.

Die übrigen philosophischen Wissenschaften stehen zu
der Metaphysik in dem Verhältnisse, dass sie nichts anderes
enthalten, als eine Ausführung des in ihr entworfenen allgemeinen Bildes, sie können desshalb als ihre Ausläufer oder
„organischen“ Theile angesehen werden, so dass strenge genommen die Philosophie gänzlich aus Metaphysik besteht.
Desshalb kann auch erst bei ihr von einer einheitlichen Wissenschaft im eigentlichen Sinne die Rede sein, während die
empirischen Wissenschaften bis zu einem gewissen Grade nur
Aggregate von verschiedenen Disciplinen bilden. Wenn die
Metaphysik sich auf diese Art formell von den empirischen
Wissenschaften unterscheidet, so materiell dadurch, dass sie
auch die Gegenstände eines wahren religiösen Glaubens zu
ergründen sucht; man möchte den hier in Frage kommenden
Theil der Philosophie richtiger philosophische Religionslehre,
als Religionsphilosophie nennen, weil die im Frühern bespro-
chene Wissenschaft von der Religion gleich den übrigen geisteswissenschaftlichen Disciplinen in die Philosophie erhoben
werden kann und muss und alsdann die Bezeichnung als

Religionsphilosophie für sich in Anspruch nimmt. So lange jedoch die Philosophie noch so wenig ausgebildet ist, dass der Gedanke an eine derartige Disciplin fast als gesucht erscheint; mag man immerhin den alten Sprachgebrauch beibehalten. Der Förderung der Religionsphilosophie hat man sich wegen der Wichtigkeit der Sache stets mit besonderem Eifer zugewandt. — Von den philosophischen Wissenschaften ist noch gar nicht begonnen die Philosophie der Geographie; ich bin zu ihr auf rein deduktivem Wege gekommen und musste sie der Consequenz wegen erwähnen, sonst hätte ich es unterlassen, von einer Wissenschaft zu sprechen, deren Möglichkeit ich selbst kaum noch einsehe; meine Meinung ist jedoch die, dass sie die Aufgabe hat, die Bedeutung der hervorragenden einzelnen Naturerscheinungen z. B. der Sonne des Planetensystems, der Erde für den Plan der Schöpfung zu ergründen. Im Gegensatz zur vorigen Disciplin ist die Naturphilosophie vielfach bearbeitet worden, ohne dass man indess bis jetzt meines Wissens zu erheblichen Resultaten gekommen wäre.

Die Philosophie der Geschichte ist nicht mit den Versuchen zu verwechseln, denen man sonst wohl diesen Namen gegeben hat, welche darauf ausgehen, die allgemeinen „geschichtlichen Kräfte" zu enthüllen; sie gehören vielmehr in die Geisteswissenschaft, durch die ihnen erst die rechte Beleuchtung gegeben wird. Eigentlich geschichtsphilosophische Untersuchungen sind solche, welche dem Ziele und dem Prinzipe des Fortschritts der Weltgeschichte nachgehen (S. 29).

Eine noch ziemlich unbekannte Wissenschaft ist die Geistesphilosophie; freilich wird sie immer als Theil der Philosophie aufgeführt, aber man versteht unter ihr überwiegend die Geisteswissenschaft. Die letztere Thatsache, welche ihre reale Ursache einzig in dem Entwickelungsgange der Wissenschaften überhaupt besitzt, da es ursprünglich nur eine einzige, die Philosophie, gab, aus der sich erst allmählich alle einzelnen Disciplinen bis auf die Geisteswissenschaft loslösten, führt mit Entschiedenheit auf die Behauptung zurück, dass man bis jetzt mit Unrecht Geisteswissenschaft und Philosophie in eine Wissenschaft zusammengefasst hat, und nöthigt, diese unsere Meinung endgültig zu beweisen.

Wenn man an der Identität von Geisteswissenschaft und Geistesphilosophie festhalten will, so hat man nachzuweisen, dass die Resultate der ersteren völlig unverändert in die Philosophie übergehen, eine Forderung, welche nur in dem Falle erfüllbar ist, dass die empirische Erkenntniss vom Geiste keiner Berichtigung mehr bedarf, dass das Wesen dieses völlig adäquat von uns innerlich erfasst wird. Man hat eine derartige Lehre vorgetragen, ohne jedoch stichhaltige Beweise

für sie zu geben, eine Leistung, deren Möglichkeit der
Umstand entgegensteht, dass die Wahrheit einer Sache
sich unmittelbar, nicht mittelbar ankündigt, und
die man nur dann beweisen könnte, wenn man sie
schon anderswoher kennte, so dass sich nunmehr eine Vergleichung beider Ansichten anstellen liesse. Ebenso wenig
hat man freilich die Unwahrheit der inneren Erfahrung bis
jetzt nachzuweisen gewusst; auch der Grund aus der Idealität der Zeit ist verfehlt, weil diese Lehre nicht richtig ist.
Die Zeit besteht, wie überhaupt die ganze Welt, nur im
Wissen Gottes, ist also für ihn subjektiv, während dem Menschen gegenüber an ihrer Realität festgehalten werden muss.
Meine Meinung geht dahin, dass, wenn wir auch nichts Fal-
sches innerlich ergreifen, uns doch die ganze und volle Natur des Geistes nicht offenbar wird. Entscheiden lässt sich,
wie ich glaube, die Frage erst dann, wenn die Philosophie
einen befriedigenden Abschluss erreicht hat und wenn sich
alsdann zeigt, ob die Geisteswissenschaft ganz unverändert
hat übernommen werden können oder nicht. Vornehmlich
aber lässt sich die positive Behauptung von der völlig adäquaten innerlichen Erfassung des Geistes nur auf diesem
Wege nachweisen. — Es liegt hier der früher (S. 38) ange-
deutete Fall vor, ob die Geisteswissenschaft aus einem über
die innere Erfahrung hinausgehenden Grunde als ein Theil
der Philosophie anzusehen sei. — Jetzt sind wir auf dem
richtigen Standpunkt angekommen, welchen man der ganzen
Frage gegenüber einnehmen muss, den nämlich, dass, wenn
es feststeht, dass die Entscheidung darüber, ob die Geisteswissenschaft einen Theil der Philosophie bilde, erst mit der
völligen Ausbildung dieser zu erreichen ist, es sich ganz verkehrt ausweist, von vornherein die Geisteswissenschaft mit
der Geistesphilosophie identificiren zu wollen, dass vielmehr
vor der Hand der ersteren eine zur letzteren gänzlich unabhängige Stellung zuzuweisen ist.

Hierzu kommen noch andere Gründe. Einerseits werden,
wie wir früher angaben, alle die Probleme, welche zum Philosophiren antreiben, offen gelassen, abgesehen von den Lehren der Religion, von den einzelnen Wissenschaften. Also,
schliessen wir, sind, wenn man mit Erfolg auch an die Philosophie herangehen will, zunächst jene, unter ihnen die Geisteswissenschaft so vollständig, wie möglich, einseitig zu entwickeln, denn wenn nur in diesem Falle zu erwarten steht,
dass die Probleme einmal deutlich hervortreten und ein anderes Mal nicht schief gestellt oder übersehen oder gar auf-
gestellt werden, ohne vorhanden zu sein, so ist auf keine
andere Weise die richtige Basis und der richtige Ausgangs-
punkt für die höhere Wissenschaft zu gewinnen.

Andererseits aber muss es für die Geisteswissenschaft geradezu widersprechend erscheinen, nur als „organischer" Theil einer Wissenschaft behandelt zu werden, welcher sie selbst schon zu Grunde liegt. Wenn auf diese Art die Geisteswissenschaft die Philosophie, die Philosophie aber die Geisteswissenschaft voraussetzt, so erhellt, dass man in beiden zu gar keinen Resultaten kommt, oder nur so, dass man inconsequenter Weise in der Praxis abweicht von der Theorie und die Geisteswissenschaften unabhängig von der Philosophie zu bearbeiten sucht. So verfuhr man vornehmlich in neuerer Zeit und hat auf diese Art thatsächlich frühere Leistungen übertreffende Resultate zu erreichen gewusst.

Ich glaube jetzt streng bewiesen zu haben, dass die Geisteswissenschaft nothwendig von der Philosophie getrennt werden muss, in welchem Resultate die aus der Definition der Philosophie zu ziehende Folgerung enthalten ist, auf die schon vorher (S. 41) aufmerksam gemacht und grosses|Gewicht gelegt wurde. Der Augenblick ist gekommen, jene Scheidung mit vollem Bewusstsein und allem Ernste zu vollziehen. Ich unterlasse es, auf einen bekannten Vorgang in einer anderen Wissenschaft zu verweisen und Hoffnungen für die Zukunft auszusprechen, bemerke jedoch, dass ich um desshalb einzelnen geisteswissenschaftlichen Disciplinen eine längere Betrachtung widmete, weil ich weiss, dass Thaten leichter selbst wie Beweise einer richtigen, aber neuen Ansicht Anerkennung und Eingang zu verschaffen im Stande sind.

www.ingramcontent.com/pod-product-compliance
Lightning Source LLC
Chambersburg PA
CBHW021547270326
41930CB00008B/1404